女子の副業

夢もお金もあきらめない。

「ひとり起業塾」主宰
滝岡幸子

青春出版社

副業チェックリスト

- □ 毎月の収入を増やしたい
- □ 将来の生活費に不安がある
- □ 仕事でスキルを発揮できていない気がする
- □ 興味があったが、あきらめた仕事がある
- □ スキマ時間、あいている時間を活かしたい
- □ ちょっとした職業体験をしてみたい
- □ いろいろな出会いを増やしたい
- □ 職場に不満を感じている
- □ 持っている資格を活かしたい
- □ 転職せずに、新しい仕事にチャレンジしたい
- □ 人に喜んでもらう経験を増やしたい
- □ 子供のころ、叶えたかった夢がある
- □ 新しい自分に出会いたい
- □ いつまでもワクワクしながら暮らしたい

ひとつでも当てはまるものがあった人は、
ぜひ本書に目を通してみてください。

はじめに

ふと過去の自分を思い出して、「自分が本当にやりたかったことを、もう一度やってみたい」と感じることはありませんか？　たとえば、「子どもの頃からお菓子作りが好きで、本当はそれを仕事にしたい」という人なら、素敵なお店に出会ったときに、〝自分の理想のお店〟のイメージを思い描くかもしれません。

あるいは、日々の暮らしの中で自分の得意なことに気づき、いつの間にかそれを楽しいと感じるようになっていた、という人も少なくないと思います。洋服が好きな人が、身近な人にコーディネートのアドバイスを求められたり。料理好きな人が、自分の料理を食べた人に喜ばれたり。

そうした瞬間は、誰しも楽しい気持ちや前向きな思いにあふれているのではないでしょうか？

それをお金に換えられるとしたらどうでしょうか。

「いまの仕事を辞めずに、やりたいことの実現も、お金を稼ぐことも両立させたい」というのは、大胆な発想のようですが、自分の好きなことを副業にして収入を得ている女性は案外多くいます。

「個人」が勝負しやすい時代がやってくる

いま私たちを取り巻く環境は、「働き方改革」「人生100年」「ウイルスとの格闘」など、働き方に変化を与えようとしています。

そのカギとしては、「インターネットの進化」が大きいでしょう。在宅勤務やリモートトワークが全国的に浸透しはじめましたが、「在宅でミーティングに参加する」といったことが可能になったのは、インターネットのおかげです。

私が2003年に「ひとり起業」という言葉を作って、それから20年近くひとり起業を続けてこられたのも、インターネットの活用や、コンセントのあるカフェなどで「どこでもオフィス」を実現することができたからです。

これからは、メールを書かなくてもすぐにやりとりできてしまうSNSや、同時双方向でミーティングができるアプリが進展し、超高速インターネット環境の5Gも普及します。

「個人」が勝負しやすくなり、副業が今よりもっとスタートしやすくなる時代がやってくるのです。

一般企業も「副業ワーカー」の力を求めている

副業を後押しする流れとして、大企業が副業ワーカーの雇用を推進し出したことがあります。たとえばYahoo！ JAPANが、インターネットの未来を一緒に作っていく副業ワーカー（同社では「ギグパートナー」という名称）を募集しています。企業側と副業ワーカーとのやりとりは、基本的に「週に1日のみ」などで、リモートでコミュニケーションをとるそうです。また、地方自治体や地方企業が「（総労働時間）数十時間」「3カ月のみ」「リモートで週1回だけミーティング」といった副業ワーカーを求める事例も徐々に増えています。

そうした事例は、副業ワーカーにとって、新たな知識や経験値を得る機会になりますし、その経験を副業に活かすこともできるでしょう。

副業をすることで人脈が広がり、「企業人だけれど、個人で名前を売る人」として、自分自身のブランディングにもなります。

大手企業や地方企業と週1～2日程度、副業ワーカーとして関わって「得意なこと」を活かす事例は増えていくでしょうし、「好きなこと」や「やりたいこと」を副業で少しずつ仕事にしていくという動きは今後、活発化していくに違いありません。

女性は、いくつかの顔（名刺）を持つことが向いている

私の場合、26歳のときに独立して起業したのですが、それ以降「何種類かの名刺を持つ生活」をしています。

といっても、最初から計画してそうなったわけではなく、「自分はひとりで活動したいのだ」と気づいた瞬間から「こういう仕事がしたい」と思って様々な仕事にチャレンジしていくうちに、そのスタイルになったのです。

常にいくつかの仕事を並行しているため、驚かれることもありますが、自分にとっ

てはそれぞれが相乗効果を生んでいて、今では当たり前のやり方になっています。巷《ちまた》ではこれを「パラレルワーク（複業）」と言うようです。

女性は往々にして、仕事だけに没頭するわけにはいかず、家事、育児、介護など複数の役割をこなさなくてはなりません。私はあまり器用ではなく、あれこれ上手にできるほうではないのですが、さまざまな方のサポートのもと、なんとか進めることができました。

そして育児がはじまってから、あることに気づき、それを活用することでうまく回るようになりました。「スキマ時間」です。

もともと女性はいくつかのことを並行で行うマルチタスクが得意ですが、「スキマ時間」を意識的に使うことで、副業がしやすくなるのです（とはいっても、どのような副業を取捨選択するかはとても重要な課題ですが）。

子供が生まれた当初は時間の使い方に悩んだのですが、スキマ時間を工夫すれば、「忙しくて副業どころではない」と思っている人も（忙しさの程度によっては）、新しい副業をスタートさせることは可能だと思います。

自分の「心」を支える副業

副業の第一目的がお金という人は多いと思いますが、一方で、「仕事」「創作」「表現活動」などが好きな人にとって、「誰かの役に立つことを有償でする」というのは生きがいであり、なくてはならないものではないでしょうか。

ただ、女性は自分の夢を追っていられない時期があったり、「それはやめておきなさい」と誰かにブロックされたことがある人も少なくないと思います。

私はロックミュージックが好きなのでアーティストの話を出しますが、女性アーティストの場合、年に何回もライブを行えない時期があるようです。

それでも、年に1回とか数年に1回のライブを続けて、自由に使える時間が増えてからライブの回数を増やしたという女性ミュージシャンがいます。そういう方はいつも輝いていますし、そうした生き方を見て、尊敬の念を抱かずにはいられません。

活動時間が限られていたり、現実の生活に追われていたりしても、夢を忘れず自分なりのペースで進むという生き方が多くあることを考えると、「とにかくやってみること」「少しずつでも続けていくこと」が大切なのだと気づかされます。

また、定年後も楽しく働いている先輩がたに話を伺うと、「10年経ったら、この仕事をしよう」ではなく、「10年後のために、今から少しずつ準備をしよう」というやり方がいいようです。

週1回や月1回ペースの副業でも、続けることで「夢の実現に向かっている」こと、そしてそれが、思い描いた夢を叶えるための道づくりになることは確かです。

働き方は自分で決める

この本は副業がテーマですが、ただ稼ぐことだけを目的としているものではありません。

女性が仕事の枠にとらわれず、「私はこう働く」と決めて、試行錯誤しながらも自分らしいライフワークを見つけていく本です。

たとえば、一般企業で働いていて、技術を身につけて幸せに働いているけれど、ふと「もっと他の仕事をしてみたい」と思ったとします。

そんな人はせっかく会社に職があるのだから、いきなり独立して背水の陣に立つ必要はないでしょう。勤務先で本業を続けながら、副業として、何か新しいことをはじめてみる。もしそれで「やっていけそう」という芽が出たら、その新しい仕事一本に絞っていってもいいと思います。

もちろん、安定した収入が必要なら、本業を続けながら「楽しい」仕事や「やりがいがある」仕事を、副業のまま長く続けるという選択もあります。働き方は、自分で柔軟に決めればいいのです。

副業や起業経験のある女性を多く見てきた経験から言うと、あなたが思っている以上に、それを認めてくれたり応援してくれる人がいます。

この本では、「本当のあなた」を探していくページもあります。

本書を手に取られた今こそ、あなたが昔からやりたいと思っていたことや夢に向かって取り組んでいくチャンスです。ひとつの仕事に決められない人や、やりたいことがよくわからないという人は、好きなことや気になることは全部、長い人生の中で少しずつ、やってみてもいいのです。そして、合わないと気づいたらやめてもいい。そうした自由さこそが、副業の醍醐味ではないでしょうか。

一歩を踏み出して新しい自分に出会い、毎日をワクワクした気持ちで過ごす方が増えることを願っています。

2020年 盛夏

「ひとり起業塾」主宰　滝岡幸子

女子の副業

夢もお金もあきらめない。

目次

はじめに…4

Part 1

副業は、いくつになってもはじめられる！

「定年」関係なく働いている人は意外と多い！…22
いくつになっても「学び直し」で副業をはじめられる…28
眠らせたままの特技は、副業で活かそう…31
副業をするメリット、デメリット…33
起業したい人も「副業」からはじめた方がいい理由…39
すぐに収入を得るための副業VS起業準備としての副業…45
「修行のためのアルバイト」も起業準備につながる…49
副業の未来予想～「2030年の働き方と副業と」…52

column 1 週末だけの雑貨店──店主は30代女性会社員…60

Part 2

あなたに合う副業を見つける方法

副業の3つの型～「本業の延長」「本業とシナジー」「本業とは別の顔」型…62
「お金」以外の目的も考えてみる…64
思いつくままに書き出して、自分を再発見する…67
いまの目標を明確にし、記録として残しておく…71
活動可能なスケジュールからやりたいことを考える…74
column 2 ふたり組のバッグ作家…82

Part 3

「女子の副業」に向く仕事のリスト

5分類から探せる！　副業に向いている仕事…86

A 自宅でできる副業

B お金をかけずにできる副業

C すぐにできる副業

D こま切れ時間を活用する副業

E 週末だけする副業

・マンガ家やライターになる…106

・ひとりリサイクルショップ…109

・本業の専門分野を活かした翻訳業…112

・動画を編集して、ユーチューバー…114

・キャリアコンサルタント、コーチ…116
・うつわや小物、名産品のネットショップを運営…118
・占い師…121
・お酒についての講座を開く…124
・料理研究家、フードコーディネーター…127
・お菓子作家（焼き菓子やゼリーを作って販売する人）…131
・ネイルサロン…135
・マッサージ師…137
・民泊（住宅の一部を宿泊所として貸し出す）…140
・空きスペースを貸し出す…143
・写真・動画の出張撮影サービス…145
・スポーツ系インストラクター…149
・家事代行サービス…152
・週末だけのお店（週3日だけの「カフェ」営業）…155

・週末だけのお店（雑貨）…157
・移動販売…160
・コンサート、ライブを自主開催する…163
｜column 3｜　茶道と着付けの先生…166

Part 4

副業の基本ノウハウと、楽しく続けるコツ

副業って、どのくらい儲かる？…168
副業をはじめる手順…173
副業の「事業計画メモ」…179
開業資金と資金調達…184

確定申告の基本知識…190
「5G」ネット技術で、副業がもっとラクになる!…193
本業とうまく両立させるヒント…196
副業を楽しく続けるには?…201
|column 4| 料理教室の先生…205

本文デザイン
後藤美奈子
DTP
センターメディア

Part
1

副業は、いくつになってもはじめられる！

「定年」関係なく働いている人は意外と多い！

自由な働き方が認められる時代になりました。特に女性のライフスタイルは多様化していて、2つ以上の仕事をかけもちする人も珍しくありません。「会社員＋起業を見すえた副業」「収入源のアルバイト＋一番やりたいこと」「主婦業＋趣味の延長の副業」「派遣社員＋貯金のための副業」など、かけもちのパターンも様々です。

つい十年ほど前までは、「会社の仕事以外で収入を得ている」なんて言ったら、就業規則に反するケースがほとんどでした。でも今では副業解禁の会社も増えていて、人によっては「副業」を個人プロフィールに書くこともできるのです。

女性の場合、結婚、出産・育児、介護などのライフイベントが仕事に与える影響は大きく、さらに、婦人病・更年期障害といったホルモンバランスに左右される部分もあります。その点、働き方の自由度が高まり、人生の選択肢が増えたことは、より女性にとって喜ばしいことではないでしょうか。

　一方で、人生100年時代と言われるようになり、「100歳までどうやって生きていけばいいのだろう？」「生涯現役なんてできるの？」と悩んでいる人が多いのも事実です。

　人生が長くなるといっても、増えるのは働きざかりの時代ではなく、老後の時間です。極端な言い方をすれば、必要なお金が増えていくのです。だとすれば、不安になるのも当然でしょう。「老後2000万円以上の自己資金が必要」という報告書が物議を醸したことも、記憶に新しいと思います。

＊昔は自営業が主流だった

　しかし、生涯現役を成し遂げている人たちがいます。「自営業」として生きている人です。「自由業」とも言いますが、「自宅の1階で美容院や理髪店を営む人」「小さなパン屋のオーナー」「喫茶店をひとりで開業し、運営している人」「書道教室で子どもに筆の使い方を教える先生」「着物を着付ける人」「サスペンス小説を書き続ける人」など、80歳を過ぎても働いている人が、案外あなたの近所にもいると思います。

私自身、住宅街の医院で、80歳近い先生に診てもらったことがあるのですが、医師や税理士などの専門職には「定年」がありません。自営業もそれと同じで、定年という概念がないのです。

70歳を超えてレシピを開発し続ける料理研究家を、テレビや雑誌などで見かけることも多いと思います。ミュージシャンや歌手、俳優といった華やかな職業も広義の自由業でしょう。活躍の場は地域のイベント会場や個人経営のバー、自分で営む小さなお店というケースもあると思いますが、好きでやっている人が多いせいか、何歳であっても生き生きとしている方ばかりという印象です。

こうして書き出してみると、定年など関係なく働いている先輩方にこれまで多く会ってきたことに気づかされます。

そういえば、私の祖母も90歳近くまで自宅併設のタバコや日用品を売る店の店頭に座っていました。農業をしたり、自宅を起点に魚屋さんをしたり、自宅でタバコや日用雑貨を売ったり、床屋さんをしたり。高度経済成長が始まる昭和中期頃までは、個人経営の自営業が多数派だったのです。

＊副業は気軽にはじめられる

私は現在、経済産業省認定の中小企業診断士という国家資格を持つ経営コンサルタントとして、中小企業のコンサルティングを行っています。これまで多くの起業家さんを取材させていただきましたが、最近特に感じるのは、副業や起業を行う物理的・心理的ハードルが年々低くなっているということです。

たとえば、「コミュニティサロン（オンラインサロン）」を使った副業があります。毎週決まった曜日の夕方に「〇〇勉強会」を開き、メンバーの中で毎回違う人に、それぞれが詳しい分野について30分程度講義してもらう、というようなスタイルの副業です。

私も、「〇〇の勉強会があるから参加してみない？」なんて誘われて参加したことがあります。いろいろな業種の企業に勤める人が集まっていて、知り合いを増やすいいチャンスにもなります。

このような勉強会が、インターネット上で「コミュニティサロン」としてサークル化しているわけです。

参加者から月に数千円程度の会費を徴収し、それが主催者の収入になります。どこかの場所に集合する昔ながらの勉強会の場合、参加できる数に限りがありますが、ネット上ならば世界中から制限なく集められます。

会社に勤めながら、平日の夕方や週末を利用して、コミュニティサロンを主宰する会社員の方もいます。ひとり2000円の月会費でも、100人集めれば、売上は毎月20万円です。

また、新型コロナ禍で、「オンライン飲み会」や「オンライン居酒屋」なんていう新しいコミュニケーションの仕方もはじまりました。

あるいは平日、帰宅してから「商品」作りに勤《いそ》しむハンドメイド作家さんがいます。髪飾りやネックレスなどのアクセサリー、バッグや洋服、動物やお花の小物をコツコツ手作りし、週末イベントやハンドメイドの総合サイト「minne（ミンネ）」「Creema（クリーマ）」などに出展するのです。ものによっては高く売れるケースもあるでしょう。

ほかにも、ユーチューバーやインスタグラマーなどが挙げられます。たとえば、40歳でユーチューバーになったという「あいりチャンネル」のあいりさんは、旅行やメイクアップの方法など、アラフォーならではの暮らしを動画にしています。

ユーチューバーといえば、20代が多いイメージですが、40〜50代で「日々の暮らしとお掃除」「食事の作り方」「メイクアップ法」「ライフスタイルに合ったファッション」など、生活まわりの工夫を動画に撮ってYouTubeにアップする女性も増えつつあります。自分が面白いと思うことを動画にして、ファンが増えるなんて楽しいですよね。

そんな風に、スマホやパソコンがあれば、すぐにいろいろなことをはじめられます。

ひと昔前と比べたら、格段に「副業」や「自営業」への参入ハードルが低くなっているのです。

いくつになっても「学び直し」で副業をはじめられる

私はコンサルタント業の一環として、「ひとり起業塾セミナー」を主催しているのですが、その参加者の中には、40～50代からキャリアチェンジの準備をはじめ、スクールに通って新しい分野を学んだり、資格を取得してステップアップされる方が増えています。

女性活躍の進んだ北欧・スウェーデンでは、就労と学び直しを繰り返して、何歳になっても新たに起業や転職ができる「ライフ・ロング・ラーニング（リカレント教育、ＬＬＬ）」という考え方が浸透しています。40～50代で以前から関心のあった分野を学び、それを生かして新しい分野で起業や転職をする女性も多いそうです。

日本でも、40代後半くらいから「学び直し」の動きも出ていて、多くのアラフィフ女性が大学や専門学校で、自分の専門を深め、好きな分野について学んで起業をされています。

ある女性は50歳のときに通信教育で調理師免許を取得し、自宅で小さなレストランを開業しました。20代の頃に飲食店の厨房に立って働いていたのですが、その後は20年近く専業主婦をされていたそうです。

また、幼児教育の研究や講師をしていて、50代になってから専門学校でカラダの仕組みを学んで、新しい事業を立ち上げた女性もいらっしゃいます。

ある会社で管理職になって、部下の教育や関係性で悩んだ経験から、カウンセリングについて学び、週末に「キャリアカウンセラー」の名刺を持って副業をしている女性もいます。

話題になった方としては、80代でプログラミングを学び、２０１７年にスマートフォン向けのゲームアプリを開発した若宮正子さんのことをご存じの方も多いかもしれません。

定年まで銀行に勤めた若宮さんは、58歳のときにパソコンを購入したそうです。パソコンは「おもちゃ箱」のようだとワクワクしたのだとか。

それから独学でプログラミングを習得し、ゲームアプリ「hinadan」を開発したのは81歳のとき。開発するまでに、パソコンに触れた時間は58歳から20年間もあることに脱帽します。

60歳で新しいことにチャレンジして、80代まで続けるなんて素敵だと思いますし、「人生100年時代」といわれる私たちが目指すのはそのような道なのかもしれません。
生涯現役でいたいなら、いくつになっても新しいことにチャレンジしてみること！

そんな姿勢の大切さが、身に沁《し》みました。

ただひとつ、ポイントがあります。「楽しそう！」と思ったことにチャレンジしたら自然と長く続けられていて、その結果、皆に驚かれるようなことができた、というところです。「ワクワクすること」であれば、何歳からはじめてもOKなのだと思います。

人生の前半は一般企業や団体などに属してスキルを身に付け、後半はひとり起業家、自営業として「生業」を楽しみながら生きていく。

これからの人生100年時代には、そんな生き方を選ぶことで、より充実した人生を送ることができるのではないでしょうか。

眠らせたままの特技は、副業で活かそう

ここでひとつ質問を投げかけたいと思います。

あなたは、学生時代に力を入れたことはありますか？　または、一生懸命取り組んだ習いごとはありますか？

分野は、なんでもかまいません。楽器や歌などの音楽、絵画やデザインなどのアート、料理や手芸、スポーツなど。または、プログラミング、英語、数学、歴史学といった学問という人もいるでしょう。

中には、それが子どもの頃からの夢だったり、あこがれの道だったりして、「その道で生きていこうか、それとも、一般企業に就職しようか…」と悩んだことがある人もいると思います。プロ並の実力を持ちつつも、別の職業をしながら穏やかに実直に暮らしている人もいるでしょう。そういう人はもしかしたら、結構多くいるのかもしれません。

生活資金を稼ぐのではなく、余剰を稼ぎ出す「副業」は、そのような人にも向いていま

す。副業なら、実力をゆっくりじっくり魅せながら、自分なりの方法やテンポで夢を叶えることができるからです。

本書には、さまざまな副業の方法が書かれていますが、自分なりの方法で夢を叶えていく、「大器晩成型の起業方法」としてとらえていただいてもいいかもしれません。しかし、あくまで「副業」は「副業」なのですが。

大器晩成、言い換えれば「熟成」に至る過程を「陶芸」にたとえてみましょう。副業という材料が、くるくる回る〝ろくろ〟で次第にキチンとした形を成して、素晴らしい焼き物の原型になる。そして、毎日の空気の中で乾燥させて、価値のある陶器になっていく。それは夢のような、でも、とても現実味のある方向性だと感じます。

本業でしっかり生活資金を稼ぎながら、知恵と工夫によって空けた時間で、あなたの夢を一歩一歩形にしていきませんか。副業のまま、夢を叶え続けるのも賢明な方法かもしれません。

副業をするメリット、デメリット

副業をしてみたいと思っても、「その仕事が自分に合うのか」「副業をして自分はハッピーになれるのか」と戸惑ってしまうこともあるでしょう。

そこで、副業をするメリットやデメリットについて考えてみたいと思います。

＊副業のメリット

1「本当にやりたいこと」を続けられる

本業で生活するための収入を得ながら、「自分のやりたいこと」を続けることができるのが副業。会社員生活では、安定した収入を得られる代わりに、「やりたくない仕事」もたくさん担当しなければなりません。

「やりたいことに、いち早く副業で取りかかる」という選択肢があるのです。

2 裁量権があり、自由に決められる

本業では、組織の中で稟議《りんぎ》を通しながら働いている人が多いと思いますが、副業では「何を」「どのようにするか」を、すべて自分で自由に決めることができます。成功しても失敗してもすべて自己責任なので、他人に気兼ねする必要がありません。

3 お金が増えることで得られる、精神的な安定

「いつまで働けるのだろう？」と、仕事やお金に関する不安を多くの人が感じています。以前からそうでしたが、「老後2000万円問題」や「新型コロナ禍」によって、その傾向はより強くなったのではないでしょうか。

そんな中、本業のほかにも収入源ができるということは、「私には本業以外で稼ぐ道がいくつかある」という精神的な安心感を生みます。

4 第3、第4の居場所となる、いろいろな人との出会い

本業とは違う世界の人たちとの出会いにより、本業の会社・団体や家族、プライベートの友人と違う第3または第4のつながり・コミュニティーが得られます。そこでは新しい

自分を発見することができますし、本業や家族などのしがらみのないところで、新しい自分の魅力を発揮できるかもしれません。

5 ひとり起業家、フリーランスとしての価値を測ることができる

本業が会社員の場合、どのような業務であっても、毎回同じ口座にお給料が振り込まれるというのが通常です。一方、副業でもらえる収入は、「あなたの担当した、この業務にいくら」という形式のものが多くなることでしょう。

たとえば、ネイルサロンに勤務している人が〝週末ネイリスト〟として活動した場合、そのサロンの料金形態ではなく、「あなたの技術には、これくらい払う」という形式でお金が支払われることでしょう。サロンの料金よりも安くなるかもしれないし、もっと高くなることだってありえます。「自分は独立して、ひとりでやっていくなら、これくらいもらえるのだな」という価値を知る機会ともなります。

6 独立起業の準備になる

5にも通じますが、副業で本業以上の収入が得られるようになれば、そのまま「独立」

することもできるでしょう。実際のところ、「副業期間を経て、起業した」という起業家さんは多くいらっしゃいます。「定年退職後に、副業だったビジネスを本業にする」という方も増えています。

7 経験、知識、技能を活かせる

過去の経験や身に付けた知識、技能を本業ですべて活かせているとは限りません。「SNSでPRすることが得意」「人材教育には自信がある」など、他者のために活かせる能力が眠っていても、副業をすることで発揮するチャンスが得られるのです。

8 本業とは違う経験ができる

「生活費を稼ぐ」本業とは違い、副業なら収入が少なくても困らないので、業界の選択肢の幅も広がります。会社が違えば考え方も違うので、本業とは違う経験値が得られ、スキルを磨くことができます。

9 副業の経験を本業に活かせるという「相乗効果」

副業で得た知識や経験、人脈を本業に活用できることもあります。たとえば、WEBデザイナーが週末に「知人の会社のWEBサイトを立ち上げる」副業をした場合、そこで得た刺激や他者の意見が経験となって、近いうちに本業の仕事でも活かせるといったことは想像しやすいと思います。

＊副業のデメリットは「時間」と「体力」!?

1 時間が足りず、本業も副業も中途半端になりがち

本業も副業も100％の完成度を求めると、どちらも中途半端になりやすいものです。「自分ができるのはどこまでか」を見極めるために、最初は短期契約などではじめるといいでしょう。

2 睡眠時間が削られるなど、体力的にきつい

本業で定時まで働いた後、夕方から副業に取りかかって「睡眠時間が削られた」という人は少なくありません。副業の「量」の調整と「スケジュール管理」は、副業をハッピー

に続けるための大きな課題となります。

3 本業の会社が副業禁止の場合

本業が副業禁止の会社なのに副業をしている場合、副業について知れてしまうと、本業に大きな支障をきたします。また、会社が認める副業の範囲を超えてしまう場合も同様です。副業をはじめる前に、本業の会社の就業規定を確認するようにしましょう。

4 (副業の)収入は安定しない

「自分らしい事業」を立ち上げる場合、起業と同じで最初は収入が安定しません。時給系のアルバイトを副業にするならば、収入は労働時間に正比例しますが、自分で新しい取り組みを始めたり、小さな事業を営む場合、収入は安定しないのが現実です。「(副業の)収入はごくごくわずか」でも続けられるかどうかを、自分自身の心に聞いてみましょう。

どのような仕事にも〝職業病〟のようなデメリットがありますが、それが受け入れられる範囲なら、やってみる価値はあるはずです。

起業したい人も「副業」からはじめた方がいい理由

いろいろな起業家さんにお会いする中で、事業を継続するための「肝」、つまり大切なポイントに気づきました。

「実は会社員を続けながら、○○の事業をしているんですよ」と、本業と副業2枚の名刺をいただくこともあります。あるいは、営業職をしながら、副業でエステサロンを経営しているという方もいます。当初は、「本業があるのに副業をしているなんて！」と驚きましたが、私自身の経営年数が長くなり、その理由がしみじみとわかるようになったのです。

その理由とは、このようなことです。

1 事業を続けるには、お金がかかる。売上より支出が多い時期もある
2 副業なら、自分との相性を確かめられる
3 「複業」時代には、何かひとつに絞らなくていい

1 事業を続けるには、お金がかかる。売上より支出が多い時期もある

事業というのは、売上と原価と経費で成り立っています。

例として、小売業の場合を挙げてみます。雑貨を販売している店だとしましょう。商売をはじめるには、まず商品（雑貨）を仕入れます。そして、その商品を店頭に並べますね。この商品が売れるのは、いつになるでしょうか？

お店をきれいにしたり、店の前を通り過ぎる人をチラチラ見たりしながら、レジの付近でSNSやブログを更新したりして……。お客様が来たと思ったら、買っていくのは5カ月前に並べた安価な商品。毎日忙しくしているうちに、仕入れた商品の支払日がやってきます。

でもその支払いの時点でその商品は売れているでしょうか？

売れていればラッキーですが、多くの場合は、売上日よりも仕入れの支払期日の方が先にやってきます。

これが、事業を続けるのにお金がかかる理由です。「入金」より「支出」が早いのです。もちろん、他の商品の売上を、別の商品の仕入れの支払いに充てればいいのですが、最初は、仕入れのお金が大きな負担になってしまうのです。

これは、私自身にも経験があるので、よくわかります。26歳で右も左もわからないまま起業したとき、最初のうちは売上がなかなか増えないとは思いませんでした。起業した直後は、意気揚々でルンルン気分だったのです。

しかし売上がほとんどないまま、家賃やら通信費やら経費ばかりが出ていくと、気持ちがどんどん凹んでいってしまいました。

もし、私が会社員を続けていて生活費の不安がなければ、話は変わってきます。資金の不足分は「お給料」で少々補てんできるかもしれません。

今月のお給料から自由に使えるお金がその分、減ったとしても、商品が売れる数カ月後には回収できます。

私も独立の準備をしていた当初は、外資系のコンサルティング会社に勤務していて、毎月お給料が振り込まれていたので、お金の心配はそれほどせず、明るい「起業の未来」だけをワクワクしながら考えることができていたのです。

副業にも、そんな「余裕」が必要だと思います。「お金を得るための副業なのではないか」

という疑問もあると思いますが、「生活の安定で生まれる余裕」というものが存在するはずです。

不安に駆られると、つい判断ミスをしたり、やる気が出なかったりして、負の連鎖が生まれてしまいかねません。しかし、会社員を続けながら副業をすれば、そうした状態を回避しやすくなります。

2 副業なら、自分との相性を確かめられる

「この仕事をやってみたい」と思っても、いきなり転職すると、「前の仕事の方が合っていた」と気づくことがあります。しかし、副業で「ちょっとやってみよう」という気軽な気持ちではじめれば、「どのような仕事が合っているのか」を自分で確かめながら進むことができます。

起業家さんの中には、「副業」とか「週末に楽しんでやっていた活動」が、世の中のニーズに合っていたので本業にした、という方が結構いるのです。小さな起業も、副業でほんの一歩からチャレンジしてみる、というのは賢いはじめ方だと思います。

それに、時代のニーズというのもあるものです。時代の変化を読みながら、「いまなら

イケる！」というときまで副業で様子を見るということもできます。

3「複業」時代には、何かひとつに絞らなくていい

新型コロナ禍で「世の中の産業の在り方が大きく変わるかもしれない」という時代の節目を感じた方は多いことでしょう。

いまやっている仕事が10年先にも存在するかどうかもわかりません。そして今後も「オンライン居酒屋」のような、以前とは異なる新しい価値観や方法論が生まれてくることでしょう。

私は、女性は「なにかひとつ」に選択肢を絞る時代ではないと思います。「仕事人」「パートナー」「親」「娘」といった顔を持ち、ときには「介護」「社会活動」なども同時進行する女性の生き方において、仕事を「これだけ」と絞ることは、ある意味リスクにもなると思うのです。

「会社に勤務する仕事」も「自宅にこもってもできる個人の仕事」も両方あるという状況になれば、「どちらかはうまくいく」ことでしょう。

女性が活躍するヨーロッパでは、転職も職種のチェンジもしやすいと聞きます。接客業

をしていた女性が40代で学び直して看護師になることも可能だし、スポーツインストラクターがマーケティングコンサルタントにジョブチェンジすることもあります。

「新しい職業にチャレンジできる」という気持ちがあれば、前向きに生きやすいものです。もし、いまの仕事がある程度うまくいっているのであれば、それに足し算する形で、週に1日とか月に3～4時間だけ新しい仕事をはじめてもよいのではないでしょうか。世の中では、それを「副業」と呼ぶのだと思います。

政府系金融機関である日本政策金融公庫が行った「2016年度 起業と起業意識に関する調査」によると、起業した人のうち、副業からはじめた人は27・5%を占めます。起業者のうち、4人にひとり以上が副業からスタートしたということですね。

また同調査では、起業家のうち「本業として起業した人」と「副業で起業して、そのまま本業に移行した人」の業績を比較しています。

その結果、業績が良い傾向が見られたのは後者でした。起業する際、(本業を持ちながら)副業で起業した人の方が、余裕を持ってじっくり事業構築ができたので、事業が軌道に乗りやすく、売上も増やすことができたのだと思います。

すぐに収入を得るための副業VS起業準備としての副業

「副業」というと、「お金！」というニーズを思い浮かべる人が多いと思います。ひとり起業塾セミナーでも、「事業を作り上げて、どのように儲けるか？」という観点で講義をさせていただいていますが、つくづく感じるのが、「お金が集まるスピード感は、事業によって大きく違う」ということです。

世の中に存在する事業の〝ビジネスモデル〟を研究していると、事業の立ち上げまでに時間のかかるものと、そうでないものがあることがわかります。また、立ち上げの速度にどれくらい「売上」が、そして一番大切な「利益」が追い付いてくるのかも、事業によってそれぞれです。

Part2でも紹介していますが、すぐに収入を得ることを優先させたい人は、「すでにある仕組み」に乗るべきでしょう。なぜなら、事業という「仕組み」を立ち上げて、売上を集めるには、多少の時間がかかるからです。

まして、あなたの直接的な収入となる「利益」を生み出すには、それなりに時間がかかります。

＊「すでにある仕組み」とは？

それでは、「すでにある仕組み」とはどのようなものでしょうか。

それは、「すでに事業を行っている会社」「顧客を持つ商店（お店、サロン）」「集客実績のあるＷＥＢサービス」です。

よく副業で「本業とは違う、他社でのアルバイト」が選ばれるのはそのためです。すでに仕組みができあがっている会社やお店、サロンで働けば、すぐにお給料をもらえます。収入をすぐに得たい場合は、「雇われる」ことが大事なのです。

しかし、雇われるのでは「副業のメリット」を感じづらいかもしれません。

「ランサーズ」や「ココナラ」のような集客力のあるＷＥＢサービスに登録すれば、自分でサービスを立ち上げるよりも収入を確保するスピードが速く、副業のメリットも感じやすいでしょう。

＊起業準備としての副業は、最初は利益がとても少ない

先述のとおり、事業を立ち上げてそれなりの売上を得るには、手間だけでなく時間がかかります。

たとえば、「サックスとピアノとドラムのバンドを組んで第1回目のライブを開き、お客様が数名来てくれたけれど、売上は会場代と交通費に消えてしまった」という具合です。音楽ライブも、何度も開催すれば、集客力が上がって売上が増え、奏者の演奏代も出ることでしょう。

一方で、1回でもライブを行えば「実績」ができます。この段階では、ライブ演奏を本業にするより、副業として行った方がいいという見方もできます。YouTubeでライブの動画を流すにしても、最初はアクセス数が少ないけれども、年数と努力を重ねることで広告収入が見込めるようになるでしょう。

ミュージシャンや大道芸人、セミナー講師、ネイリスト、コンサルタント、コーチ、出張カメラマンなどは、自分の技術を活かす職業なので、お客様のニーズがあれば売上が立

ちます。

比較的、事業の立ち上げから売上を得られるまでのスピードが速いビジネスです。

反対に、発明家が特許商品を開発するような仕事は、収益を得るまでに、大変な時間を要することは想像しやすいでしょう。

あなた自身が「すぐに収入が欲しいのか？」「長期的な視点で、起業準備をしていくのか？」を見極めることが、副業のスタートです。

「修業のためのアルバイト」も起業準備につながる

起業準備のための副業で、「お金はそれほど得られないけれど、それ以上のメリットがある」のが、なりたい職種で修業のためのアルバイトをすることです。技術習得のための修業になるだけでなく、少額でも収入を得られるので大変おすすめです。

＊起業のための「技術」と「生の声」を知る

本業の会社では事務職を担当しているけれど、パン好きが高じてパン職人を夢見たという人がいます。その人は「お店を開きたい」と思うようになって初めて、パン作りや製菓を学ぶ専門学校に通いはじめました。

パン作りは上達したけれど、一度に多くのパンを焼けるかどうか自信がないし、パン屋の裏側はまったくわからない。そこで、本業が休みの日に近所のパン屋さんで働くことにしたのです。

この場合は、アルバイトで収入を得ながら、好きなパンに囲まれて、職人のもとで技術や経験を得ることができるというわけです。

＊薄謝の弟子や助手として、経験と人脈を得る

憧れの講師や起業家のもとに「弟子にしてください」「助手を募集していませんか？」とたずねていく人もいます。「お給料は安くてもいいから、一緒にそばで働かせてほしい」という願いです。これも修業のためのアルバイトと同じようなメリットがあります。

弟子を受け入れる側としては、自分を手伝ってくれる人が増えることになります。私自身もそのような立場の方に多くお会いしたことがありますが、長年助手のような立場をされた方は後々、起業して独立されていくことが多いです。

ある著名な料理研究家の助手になった方は、やはりご自身も料理研究家として師匠の教えを守りつつ、自分らしいレシピを開発して、テレビの料理番組や雑誌で活躍されていきま

す。もちろん、その方はずっと副業としてではなく、のちにフルタイムの助手としてその師匠のもとに就職した後、起業されました。

将来的な独立開業を考えて副業をするなら、自分の憧れる職種、師匠の下で働いてみるというのは現実的です。「副業としてちょっと手伝う」ことからはじめるのは、師匠との相性をじっくり確かめることができるので、賢いやり方だと思います。

ちなみに、弟子や助手として働いた後に独立開業された人は、私の知る限り、「助手の募集ゼロ」のところから出発された方ばかり。師匠となる人に、「弟子や助手として雇ってください」と直接懇願したのです。

ご縁を自分で作っていける人を目《ま》の当たりにし、「世の中チャレンジでなんとかなるものなのだなあ」と驚かされるとともに、そんな姿勢に勇気付けられることもしばしばです。

副業の未来予想
～「2030年の働き方と副業と」

いま、私自身も働き方を変えている最中です。いつも現在進行形で、ひとり起業のやり方を少しずつ変化させてきましたが、いまなお仕事と家庭と自分自身の夢との「両立」に、日々頭を悩ませています。

「これまでのやり方では通用しない」「もっと別の方法に移行した方がいい」と気づいた瞬間に、その都度自分が行うべきこと、最重点課題に合わせて柔軟にやり方を変化させています。

特に変わってきたのは、働く時間帯です。20代から30代前半は、体力のおもむくまま24時間体制で仕事ばかりに取り組む夜型でしたが、30代後半から40代半ばにかけては、体力が一番ある起床後からの6～7時間を仕事に充てる朝型にシフトしました。

朝型の仕事スタイルにすると、調子がいい。

日本の働き方全体も朝型にシフトしつつあると感じます。その理由は、インターネットが発展して、自宅でも会社にいるのと同じように仕事ができるようになったし、スマートフォンで仕事を完結できるようになったからです。

インターネットサービスもどんどん便利になって、２０００年代後半から10年の間に、企業や行政も含めた社会全体の動き方と便利さがガラリと変わりました。こういった動きが加速すると、私たちの働き方もどんどん変わっていくと思います。

＊２０３０年には「本業」「副業」の概念が薄れる!?

２０１９（令和元）年頃、多くの大企業が副業を解禁し、「副業」がひとつの働き方として再認知されるようになりました。また、新型コロナ禍で、複数の収入源を持ちたいと実感した人も増えたと思います。10代後半から80代まで、働く人にとって「副業」はいつでもチャレンジしたいものになると思います。その一方で、副業と本業の垣根がどんどん低くなっていくでしょう。

副業はしっかりやっていくと、自分自身の中で、本業と同じような位置付けになってくるのです。「副業ではじめたけれど、今では片手間でやっているのではなくて、一生懸命やっています」といった感じです。そういう人が増えれば、副業はもはや「副業」ではなくて、本業と他の仕事をかけもちするダブルワーク、どちらも大事な「複業」というような位置付けになることが想像されます。

*「旅行先」や「帰省先」で副業をして稼ぐ

インターネット上をメインにして働くと、「住んでいる場所」があまり気にならなくなってきます。どこでネットに繋いでいるかは仕事に影響がなくなるので、「旅行先」「帰省先」で副業をすることも増えていくでしょう。いわゆる「ワーケーション」です。

本業では、会社の規定やセキュリティの関係で、働く場所が限られることも多いでしょうが、副業は基本的に何でも自由です。地方に移住しても、本業だと「オフィスが、通勤がどうのこうの」となりがちですが、副業なら引越しした当日でも、ネットに繋げばすぐに仕事ができます。コロナ禍で「ZOOM」による打ち合わせやおしゃべりを体験し、それを実感した人も多いのではないでしょうか。

現在でも「旅ライター」「旅行ブログ」のような仕事で収入を得ている人がいますが、

旅行先で体験した出来事を写真、動画、文章で説明することで副業収入を得るといった人はますます増えるでしょう。

＊「プロ」と「アマチュア」の境界線が見えにくくなる

副業ワーカーが増えると、「プロ」と「アマチュア」の違いが見えにくくなります。「プロは、本業で仕事をしている人」というイメージがありますが、短時間で稼げる副業の種類が増えることで、アマチュアでも市場に参加しやすくなります。

たとえば、「釣りのプロ」として釣りの技術や情報で本業収入を得ている人と、「昼間はサラリーマン。釣りは割と上手なので、休日なら素人に教えられますよ」というアマチュアの差が、ネット上ではわかりにくいといった具合です。

料理研究家も、インターネットがなかった時代には、テレビの料理番組に出られるまですごい人脈を構築したり、著名な師匠のもとでの修業年数が必要だったことでしょう。しかし今では、ブログやSNSで自分のレシピや工夫を上手にアピールすれば、人の目にとまりやすくなります。プロになれるスピード感が速くなっているとも言えます。

＊「副業で試してから、転職・独立開業」が増える

転職や独立開業をする際に、一番心配になるのは「その職業は自分に合っているのか?」ということ。転職や独立開業の前に、「短期間、その仕事が合っているかどうか、実際に働いてみる」機会があれば、仕事内容と自分とのミスマッチを防ぎやすくなります。

インターンシップという言葉があります。学生の新卒採用をする前に、短期間安い賃金で働いてもらい、会社と個人の相性を確かめる仕組みです。インターン中に、会社側が気に入れば、すぐに「うちの会社に就職しない?」と声をかけます。

インターン生を受け入れる会社側は低賃金で優秀な学生に短期間働いてもらうことができるし、試験だけでなく、実際に働く姿を見て自社に合う人材を探すことができるというメリットがあります。

学生側も就職前にしっかり企業の中身を知ることで、本当に働きたい会社を探すことができます。これは20代前半の就職活動に付随することですが、同じようなことが、副業が解禁されることによって30代以降にも適用されるようになるでしょう。

「どんな仕事が自分に合うのか、ちょっと他でも働いてみる」という副業の仕方が増えると考えられます。適職探しとして、副業という方法は、企業側にも人材側にもメリットがある、良い方法です。

＊「自宅で働く」人が増える

副業は「自宅で働く」ことと親和性があります。「人生80年」から「100年時代」になったということは、働く年数が増えるということです。定年が70歳にまで延びても、最後のほうは体力的に、一日8時間以上オフィスで働き続けたり、長い通勤時間を耐えることは難しくなるでしょう。

そこで「自宅で働きたい」というニーズが増えることは想像に難くありません。「自転車10分程度で通える範囲内」を求める人も増えるのではないでしょうか。自動車通勤なら片道30分くらいはOKでしょうが、それは駐車場スペースもある郊外型の企業への通勤に限られるでしょう。

60歳以降は、自宅付近で働ける仕事を見つけたい。そんなニーズにマッチするのが、50

代前半頃までに「自宅でできる副業」をはじめること。副業で徐々に自宅や地域で働く基盤を作っていき、60代以降は自宅で働けるように準備していく。たとえば、音楽スクールに勤めるピアノの先生が、「60歳以降は自宅だけで教えたい」と思うようになるのも、自然なニーズなのです。

＊「ネットで副業」

２０３０年の副業は、その多くがインターネット経由となるでしょう。そして、副業をする時間帯は、早朝と夜間（と昼間のスキマ時間）。誤解を恐れないで言うと、スマートフォンで完結する株式投資のようなもの。昔は店舗に通う必要のあった作業が、すべて手元のスマホで完結してしまうイメージです。

スマートフォンの機能が進化すれば、データの管理や分析も、もっとお手のものになるでしょう。「ネット経由で、自宅のお風呂の中からピピピ」とできる副業が増えると考えられます。その時には、株式投資で言うところの「経験」と「勘」のような、職業経験と知恵が活かされることとなります。

本業で得た経験をすべてつぎ込めるような副業を選べれば、なお良しです。ピアノのレッスンですら、オンライン接続でネット経由の指導も増えていますが、今後オンラインレッスンは当たり前のものになっていくでしょう。

まとめると、2030年には「自宅」でも「旅行先」でも「ネット経由」で副業することが当たり前になり、本業と副業という概念が薄れて「複業」を持つ時代となり、一般企業や商店も「インターン（副業）労働者」を受け入れるようになっているでしょう。

column 1

週末だけの雑貨店―店主は30代女性会社員

ある商店街のはずれのビルの入り口に、ちょっとおしゃれな看板がかかっていました。お店のある2階に上がってみましたが、あいていません。ドアノブにかかっているチラシを見ると、営業時間は「土曜、日曜10時〜」となっていました。

そこで土曜日にお邪魔してみると、店主は素敵な30代後半くらいの女性でした。平日は、どこかの会社にお勤めをされているということ。雑貨が好きで、好きなものを仕入れて、お店に並べているのだそうです(本業は、雑貨とまったく関係ないお仕事)。

6畳くらいのこぢんまりとした店内。シンプルに飾られた棚には、数千円くらいの雑貨がゆったりと並べられています。私がいる間に、ちらほらお客様がやってきていました。

営業日や入荷商品を紹介するブログがホームページ代わり。定期的に、雑貨の作家さんの展示会を開いています。とても魅力的なお店ですが、雑誌の取材は受けていないようです。ひとり起業家がよくおっしゃるのですが、「たくさんお客様がいらしても対応できないから」という理由。

気になる売上は、「家賃が払えるくらいで、それほど利益は出ないけれど、好きなものに触れていられることが何よりの幸せ」とのこと。このお店は7年やっていましたが、店主さんのライフスタイルが変わったのでお店は閉じられたそうです。「やりたいこと」を肩ひじ張らずにやってみるという、こういった生き方も素敵だと思いました。

Part
2

あなたに合う副業を見つける方法

副業の3つの型
〜「本業の延長」「本業とシナジー」「本業とは別の顔」型

副業をしてみたいと思っている人の中には、どんな仕事を選び、どのように働くのがいいのか迷うという方もいると思います。

実際に副業をしている方に話を聞くと、典型的なパターンとして、副業は3つの型に分けられることがわかりました。「本業の延長」型、「本業とシナジー」型、「本業とは別の顔」型の3つです。自分に合った仕事や働き方がわからない人は、まずはこれらのうち、どれがしっくりくるかを考えてみるといいでしょう。

■本業と同じ仕事で副業を行う「本業の延長」型

本業のスキルをそのまま活かす形の副業。たとえば次のようなケースがあります。

・美容院勤務の美容師が、休みの日に高齢者や小さな子どもがいる家庭に行き（出張し）、髪を切ってあげる

・本業でカウンセリングの仕事をしている人が、夜間にオンラインや電話でカウンセリングを行う

■本業に近い分野でスキルを活用する「本業とシナジー」型

本業の知識を活かしつつ、それに近い分野の副業をして、その知識を深めていくというケースです。副業で得た経験が、そのまま本業に活かされるという利点があります。

・本業でWEBデザイナーやライターといったWEB関係の仕事をしている人が、インターネット上でショップを開く
・病院に勤務する看護師さんが介護士の資格を取り、介護と医療に関するセミナーを開く

■本業とは異なる業種で副業を行う「本業とは別の顔」型

本業とは全然違う仕事を副業に選ぶケースです。いつもとまったく違う顔を持つことで、リフレッシュすることもできます。

・平日は企業の総務部に勤務しているが、週末には占い師として活動
・本業は会社員だが、近所に農園を持って、朝や週末に農業をする

「お金」以外の目的も考えてみる

より自分に合った副業を選ぶために必要なのが、自分自身の性質や副業の目的などを再確認することです。ここからは、それらを探るためのワークをしていきましょう。

「私には、どのような仕事が合っているのだろう？」

この疑問はもしかしたら、天職に出逢うまでずっと抱き続けるものかもしれません。

本業がどのような職業だとしても、副業は本業よりも選択の自由度が高いのではないでしょうか。

副業は、「もともと好きだったこと」や「得意だけれど、最近活かせていないこと」を思い出し、自分のやりたかったことに取り組むチャンスでもあるのです。

＊あなたが「副業したい理由」とは

あなたが副業をしたい理由、願望について考えてみましょう。次のうち当てはまるものがあればチェックを入れてみてください。いくつでも構いません。

□とにかくお金を稼ぎたい
□好きなことや得意なことを仕事にしたい
□趣味でつくった作品を公表する場を得たい、売ってみたい
□写真を撮ることや文章を書くことを仕事にしたい
□取得した資格を、仕事に活かしたい
□自分ひとりの力を試してみたい
□本業とはまったく違う「別の顔」「もう一枚の名刺」を持ちたい
□本業で能力や経験を充分に活かしきれていない気がする
□将来の起業につながる準備をしたい
□老後資金の不安を解消したい
□収入を大幅に増やしたい

副業の「目的」を自問自答すると、あなた自身が本当に求めていることが見えてきます。「収入を増やしたいのか」、それとも「好きなことや特技を外に向かって表現したいのか」。収入を増やしたいという欲望が大きいなら、稼ぎやすい仕事をするのが手っとり早いでしょう。

または、「自分の能力を活かして生きていきたい」のであれば、最初は報酬が少なくても、少しずつ才能を発表する機会を増やしていくなど、副業の進め方も違ってくることでしょう。副業で、収入だけではない「やりがい」「自信」「共通の趣味を持つ人とのつながり」や「生きていく楽しみ」を得ている人は多いものです。

あなたは、今の生活に「何を」プラスしたいでしょうか。

優先させたいのは何でしょうか。

ご自分がチェックを入れた項目を確認し、検討してみましょう。

思いつくままに書き出して、自分を再発見する

夢は書き出した方が叶いやすいと言われています。書き出すことで、とうの昔にあきらめた「本当はやりたかったこと」を思い出すこともあるでしょう。

書いてみたら案外、近いうちに叶っているかもしれませんよ。ここに書いてもいいですし、「副業ノート」を用意して記録しておくのもおすすめです。

1（今の仕事にとらわれず）やってみたい仕事、いつかチャレンジしたい仕事をなるべくたくさん書き出してみてください。

（　　　　）（　　　　）（　　　　）（　　　　）（　　　　）

（　　　　）（　　　　）（　　　　）（　　　　）（　　　　）

2 過去にやってみて楽しかった仕事、好きだった仕事は何ですか？（アルバイト含む）

（　　）（　　）（　　）（　　）（　　）

（　　）（　　）（　　）（　　）（　　）

3 あなたが「楽しいと思うこと」「好きなこと・もの」は何ですか？

仕事につながるかどうかは考えずに、とにかく好きなことをキーワードで書き出してみましょう。キャラクターや歌手の名前でもかまいません。

例「お菓子」「キキララ」「ピアノ」「編み物」「ヒップホップ」「ワイン」「マドンナ（米国歌手）」「GUCCI」など

（　　）（　　）（　　）（　　）（　　）

（　　）（　　）（　　）（　　）（　　）

4 あなたが「得意なこと」「得意だと感じていること」は何ですか？

あなたが得意だと（自分で）感じていることは何でしょうか。また、「人から褒められたこと」も思い出してみてください！　3の回答と同じものが出てきてもかまいません。

例「後輩の指導、教えること」「チーズケーキ作り」「編みぐるみ（編み物で作る動物）作り」「ホームパーティー」「ひとり旅」など

（　　　）（　　　）（　　　）（　　　）（　　　）
（　　　）（　　　）（　　　）（　　　）（　　　）

5　1から4を振り返り、「やってみたい副業」「できそうな副業」を5～10個程度、考えてみてください。

例「週末だけのネイルサロン」「チーズケーキ教室」「ピアノで行うヒップホップライブ」「ワインをYouTubeで紹介」「旅先で買い付けた器のネットショップ」など

（　　　）（　　　）（　　　）（　　　）（　　　）
（　　　）（　　　）（　　　）（　　　）（　　　）

6　副業をはじめるなら、どのようなことは「譲れない」でしょうか。条件を5つ挙げてみてください。

例「初期費用は○○円以下」「パソコンは使わない」「一人でできる」「自宅から30分以内

の場所、または自宅でできる」「リスクが低い」「高収入を得られる」など

（　　　　）（　　　　）（　　　　）（　　　　）（　　　　）

7　5に挙げた副業のうち、6の条件に当てはまるものはどれですか？

実現できそうかどうか、どちらとも言えないものは、△をつけるなどして書き残しておきましょう。何か打開策が見つかれば実現できる日が近づくかもしれません。

（　　　　）（　　　　）（　　　　）（　　　　）（　　　　）

（　　　　）（　　　　）（　　　　）（　　　　）（　　　　）

ここで書き出した希望や条件は、今すぐでなくても「人生100年」のうちに、叶うタイミングが訪れるものもあるはずです。片っ端からやってみるのもいいですし、まずはできそうなものからひとつ、チャレンジしてみてもいいのではないでしょうか。

いまの目標を明確にし、記録として残しておく

次に、「私は副業でこれくらい稼ぎたい！」という希望を確かめましょう。そして、そのお金を何に使いたいのかについても、書き出してみてください。何年後かに振り返るといい刺激となりますので、記録として残しておくといいでしょう。

《記入日：　　年　　月　　日（　）》

■副業で1カ月にだいたいどれくらい稼ぎたいですか？

1カ月に（1000円、3千円、5千円、1万円、3万円、5万円、8万円、10万円、15万円、20万円以上）稼ぎたい。

■副業で1年間にだいたいどれくらい稼ぎたいですか？

1年で（3万円、5万円、10万円、15万円、25万円、50万円、もっと！）稼ぎたい。

副業は毎月するとは限らないので、「1年間にいくら稼げればOKか」も考えてみましょう。3カ月間だけの副業で15万円を稼ぐ人もいます。

■副業1年目に、毎月どれくらい稼げれば挫折せず続けられそうですか？

最初の1年は毎月（3千円、5千円、1万円、3万円、5万円）以上稼げたら、励みになりそう！

■副業で得たお金を「何に」使いたいですか？

当てはまるものにすべて◯を付けてみてください。

・貯金をする
・株式などの投資資金にする
・生活費の足しにする
・奨学金などの返済に充てる
・親孝行
・旅行する

・いつもより贅沢な食事にする、外食に使う
・素敵な食器、インテリアなどに使う
・洋服や美容品を購入する
・エステサロンやネイルサロンに通う
・趣味に使う
・起業するための準備資金
・スクールへの通学や資格取得のために使って、さらにレベルアップ
・誰かの役に立つことをする
・家族や友人にプレゼントを贈る
・その他（　　　　　　　　　　　　　　　　　　　）

活動可能なスケジュールからやりたいことを考える

何ごとも無理をすると長く続きません。副業の場合は、まず「できる日だけ」副業ワーカーとして活動するのがポイントです。

手帳やカレンダーを開いて、副業ができそうな曜日や日付を探してみましょう。

公私の予定が書かれたカレンダーを見ると、「○曜日または○曜日の夜は空いている」「日曜日には長年通っているお稽古ごとがある」など、日々の行動のバイオリズムが見えてきます。

最初は、月に一度くらいでもいいと思います。もし、その副業があなたに合っていれば、「もっと副業に時間を費やしたい」と思うはずです。無理のない範囲で少しずつ、一日、もう一日と増やしていけばよいのです。

はじめの一歩を踏み出すのは、「休日」にするのがおすすめです。

あなたの休日はいつでしょうか。その休日は、決まった曜日でしょうか？　また、プライベートの予定はどうでしょうか。決して無理せず、でも最大限にその休日を活かす方法を考えてみましょう。

《記入日：　　年　　月　　日（　　）》

■あなたの休日は何曜日？

月曜、火曜、水曜、木曜、金曜、土曜、日曜、不定期（決まっていない）

■本業やプライベートの用事が忙しくない日は、何曜日？

月曜、火曜、水曜、木曜、金曜、土曜、日曜、不定期（決まっていない）

■副業に使いたいのは、いつですか？

早朝（会社に行く前）、お昼休み、夕方（会社の帰り）、夜、休日、10～15分のスキマ時間、その他（　　　　）

■副業をする頻度は、どれくらいを希望しますか？
毎日少しずつ稼ぎたい、週に（１２３４５）日、休日のみ、月に（１２３）回

＊「土日」が休みの人に向いている仕事

週末を休みにしている人は多いので、これらの日に稼働すればお客様の休日にサービスを提供することができます。いちばん収益を得やすいパターンでしょう。「副業起業家」を見かけやすいパターンでもあります。

・週末だけ開店する「カフェ」「パン屋」
・土曜日だけ開催する「セミナー」
・小学生から高校生向けの「学習塾」
・日曜日だけ大きな公園やイベントに出店する「移動販売」
・七五三や花見のシーズンなど、注文を受けたときだけ「写真の出張撮影」
・土曜日だけ、自宅で「着付け教室」や「茶道教室」を開く
・月に１～２回、週末のイベントに出店する「ひとり起業のお菓子屋さん」

・月に1～2回、イベントなどに呼ばれて「ケータリング」
・土日と祝日だけ、結婚式やパーティーの「司会」

＊「平日」が休みの人に向いている仕事

平日休みなら、「水曜日だけ教室を開く」などの副業がおすすめです。

平日の午前中は、50～70代くらいの女性が近所に習いごとに通っていることの多い時間帯です。

同じように午後の時間帯（13～16時）も、主婦層向けの習いごとのゴールデンタイムです。大手のピアノ教室に勤務しているピアノの先生が、休みの曜日だけ自宅でピアノ教室を開くというのもよいでしょう。「定年後は、自宅だけでお教室を続けようかな」といった将来のシミュレーションもできます。

また、各地のカルチャースクールに講師登録をしてもよいでしょう。

駅ビルやショッピングビルには、たいていカルチャースクールが入っています。英会話やトールペイント、編み物、パッチワークなどを教えてみる。お花屋さんに勤める人が、休日にフラワーアレンジメントの講師をする。そういった選択肢もあります。

副業に休日を丸一日使う必要はありません。お客様と直接対面する場合は、お客様が集まりやすい時間帯に活動することになります。

休日が週に2日ある場合、1日は副業、1日はゆっくり休むというパターンであれば、無理なく続けられるのではないでしょうか。

*副業をするなら、こんなスケジュール

副業をするなら「スケジュール設計」がとても大切で、1日24時間、1週7日を、あなたにとって「本当に大切なこと」にどのように振り分けていくかがポイントになります。

人によっては、本業の繁忙期はまったく動けないという場合もあるでしょう。忙しい時期が「月末」なら、副業は毎月中旬まで2週間だけ。春が一番忙しいのなら、春には副業は入れない、など。

本業が忙しいときは思い切って副業を休むと、両立しやすくなります。

いろいろな「顔（役割）」を使い分けている女性は、「1日」「1週7日」という単位でのスケジューリングの仕方が上手です。

仕事をする時間を「1日○時間」と決める必要はありませんが、女性の副業で多いのは、「週に1～3日だけ」行うパターンのようです。業種によって傾向は異なるものの、「1日中」やり続ける人よりも、1回あたり「4時間」以内が多いようです。

もっと言うと「2～3時間くらい」に抑えると、本業とのバランスも取りやすく、副業をすること自体が良い気分転換になります。

具体的なスケジュールの組み方については、大きく次の2つのタイプに分けられます。

1（フルタイム勤務などで）休日だけ副業ワーカーとして活動する場合
2 スキマ時間を使って副業をする場合

この2つのタイプ別に、時間の活かし方について考えてみましょう。

1（フルタイム勤務などで）休日だけ副業ワーカーとして活動する場合

フルタイム勤務であれば、副業をする日は「週1〜2日」または「月2回」くらいが妥当でしょう。「月に2回、パン教室を開く」とか「本業が休みの土曜、日曜日に漫画を描く」「水曜日の夜だけ、NPO法人のミーティングに参加する」といった具合です。

2 スキマ時間を使って副業をする場合

主婦が担っている家事、育児、介護は、「家族の時間に従って、自分が時間をすべて合わせる」ので、自由になれる時間帯が定まらないのが頭の痛いところ。「5分」「10分」といったスキマ時間を組み合わせて活動するしかありません。

でも「15分」でも取れれば、副業がはかどります。

「ハンドメイド作品づくり」「漫画を描く」など、リビングのテーブルの上でもできる副業なら、スキマ時間を有効活用できます。

・副業がある日のスケジュール例・

＊週末にパン教室を開催するケース

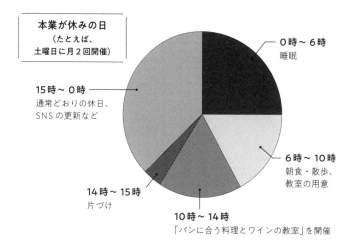

本業が休みの日
（たとえば、
土曜日に月２回開催）

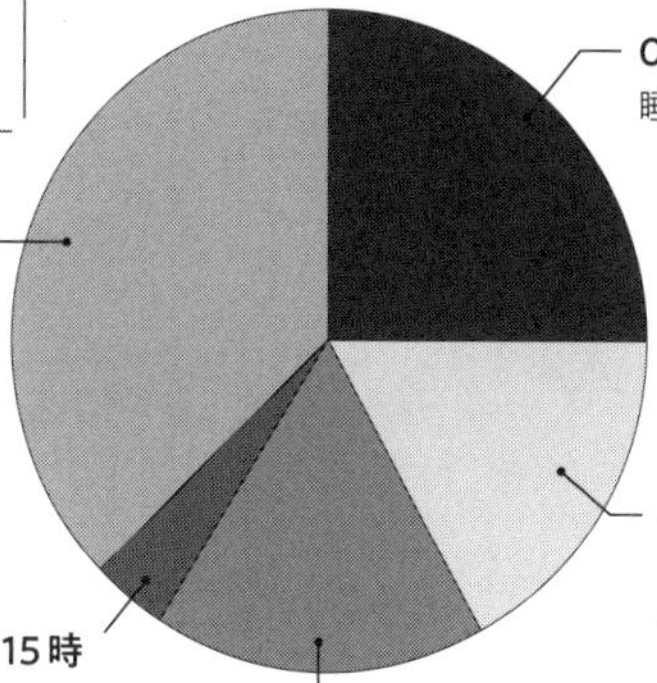

＊平日の夜に、オンラインカウンセリングを実施するケース

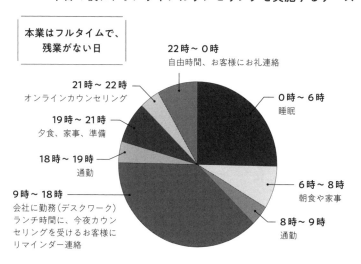

本業はフルタイムで、
残業がない日

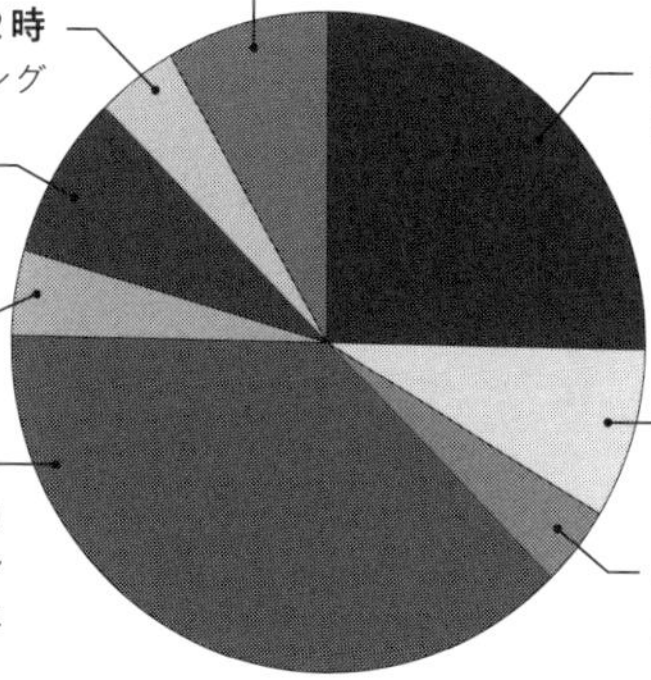

に気に入られているポイントです。

バッグは全部手作りなので、価格は小さいサイズでも1万円以上には設定したいところ。でも、7千円台にする可能性もあるようです。一番大きいサイズは3万円台にする予定とのこと。

できあがった商品の写真は、先日撮影済みです。ふたりとも、個展販売会にできれば毎日通いたいけれど、平日は本業の仕事があるし、自宅からは少し遠いので、週に1回程度は顔を出すことに。「そうそう、私が店頭に立つのは何日になるか、Twitter と Instagram に書いて発信しなくっちゃ」

販売会では30個展示することになっているので、作ったものがすべて売れれば、50万円以上の売上になります。あくまでも、全部売れれば、ですが。材料費の布代とテキスタイルの印刷代もかかったし、自由が丘のお店にも展示会の手数料を支払わなければならないので、ふたりの取り分は20万円くらい。

販売会が終わると、毎回ふたりで打ち上げを行うのが恒例になっています。そのときにいただくお酒と料理の味は格別なのだとか。今度の打ち上げも楽しいに違いありません。

column 2

ふたり組のバッグ作家

海が見える静かな住宅街にバッグの工房があります。少し変わった形状のバッグを制作するふたりの女性は、仕事を通じて知り合いました。

ひとりの本業はグラフィックデザイン。もうひとりは専門学校で縫製を学んでいるので、「ミシンで縫う」ことが得意です。好きなデザインのタイプが似ているふたりは、「一緒に何か作りたいね」と意気投合して、ユニットができあがりました。

“工房”とは、実は縫製を担当する女性の自宅。日曜日の午後、ふたりで「次の季節に作るバッグ」のデザインコンセプトを話し合ったあとは、それぞれの自宅に帰ってひとりがデザイン画を描き、もうひとりがメールで受け取ったデザイン画をもとに布を切り、縫い合わせて新作の試作をします。

そして、また１カ月後の日曜日の午後、ああでもない、こうでもないと縫い上がった試作品を、ふたりでお茶を飲みながら、真剣に手直しします。

なにしろ、この新しいバッグのシリーズは、東京の自由が丘にあるオシャレなお店で約１カ月の間、展示販売されるのです。こんな個展販売会は今年で３年目。バッグの個性的な形はワンパターンなものの、大きさは４種類あります。グラフィックデザインを印刷した数種類のカラー展開で、パッチワークのように布を組み合わせるので、まったく同じものはひとつもありません。この「１点もの」がリピーターのお客様

Part 3

「女子の副業」に向く仕事のリスト

5分類から探せる！　副業に向いている仕事

Part2で確認した目標やスケジュールから、あなたがチャレンジしたい副業は見えてきたでしょうか。ここでは、副業に向いている仕事・営業形態について、次のA〜Eの5つの特徴を示しながら紹介しています（複数当てはまる場合もあります）。

A　自宅でできる副業
B　お金をかけずにできる副業
C　すぐにできる副業
D　こま切れ時間を活用する副業
E　週末だけする副業

106ページより、それぞれアイコンで入れてありますので、ご自分の優先したいタイプの記号を追って、副業選びの際の参考にしてみてください。

A 自宅でできる副業

家で仕事をすると、仕事現場への「移動時間」がまったくかからないので、時間が限られている人におすすめです。中でも、大きなメリットを感じるのは「子育て中の人」や「ひとりでコツコツ、ひっそり副業に勤しみたい人」だと思います。

拙著『マイペースで働く！ 自宅でひとり起業 仕事図鑑』にも書いたのですが、自宅ならパジャマのままでも仕事ができます。また、他人の声がなく静かなので、作業に集中することができます。

「家でできる副業」をひとつ持っておくと、70~80代を過ぎて体力がなくなってきたとしても、家でのんびりと働き続けられるかもしれません。

自宅でできる副業には、次のようなものがあります。

【ものづくりタイプ】

洋服やアクセサリー、バッグ、雑貨などを手作りして販売します。いわゆる「ハンドメイド作家」です。週末にはイベント展示を行いますが、日頃は自宅でミシンを踏んだり、手編みしたりします。

【パソコンで創作タイプ】

ライターやイラストレーター、マンガ家のように、自宅でパソコンに向かって何かを「かいて」います。ホームページ制作を行うＷＥＢデザイナーもそうですし、ユーチューバーも家の中で動画を撮ってパソコンで編集するという人が多いようです。

【コンサルタント、コーチ、カウンセラータイプ】

企業の広報を外注で請け負うＰＲコンサルタントやキャリアコンサルタントは、外出して企業やカウンセリングを行う場所へ向かうこともありますが、自宅でパソコンに向かっている時間も長いでしょう。コーチやカウンセラー、占い師は、携帯電話やＬＩＮＥ、ＺＯＯＭ、Skypeなどのオンラインツールで相談を受ける人も少なくありません。

【研究家タイプ】

毎日、新しい料理のレシピを考案している料理研究家、ファッションコーディネートといった自分の好きな分野を研究してブログに書き続けるブロガー、インスタグラマーなど。

【サロン運営タイプ】

ネイリストやマッサージ師など、自宅の一室をサロンにするタイプの副業も人気です。

【教室タイプ】

自宅を使って少人数向けの教室を開きます。「自宅に人を呼んでも平気な人」に向いています。昔からよく見られることですが、書道教室やそろばん教室の先生は70代、80代になっても続けておられますね。

B お金をかけずにできる副業

何をはじめるにしても「お金をかけずにできる」というのは、理想的です。副業は特に、うまくいくかどうかわからないし、極力お金をかけないに越したことはありません。

お金をかけないポイントは、２つあります。

１つ目は、当たり前のことのようですが、「無料のインターネットサービス」を使い倒すことです。新しいインターネットサービスが続々と生まれた２００９年、『ＦＲＥＥ（フリー）〈無料〉からお金を生みだす新戦略』（クリス・アンダーソン）という本が流行りました。その本には次のことが書かれています。

「デジタルのものは、遅かれ早かれ無料になる。〈中略〉デジタルの世界では、法律や使用制限によってフリーを食い止めようとしても、結局は経済的万有引力に逆らうことはできない」

実際に、便利だけれど無料のスマホアプリは数多くありますし、ファイル共有できるドロップボックスやＬＩＮＥ無料電話、どこからでもネット上でメールが見られるGmailなど、ネットサービスは、小規模範囲の利用であれば無料のものが増えています。

この流れは今後も続いていくことでしょう。副業では、できる限りこのような無料ネットツールを使って、お金をかけずに進めるのがベストな方法です。

2つ目は、「今までに得た経験・知識」「すでに持っているもの」を使うことです。新たに副業のためにゲットするのではなく、すでに獲得済みのもの。つまり、今までの職業経験や生活体験を売るのはよいことです。キャリア経験や海外での生活経験を売る人、または、モテるしぐさや外見を研究してきた遍歴から恋人のつくり方を指南する人など、さまざまな「経験から得た知恵」を売っている人がいます。


お金をかけずにできる副業には、次のようなものがあります。

【LINEタイプ】

LINEのトーク機能や無料電話を使って、スマホ1つでカウンセリングができます。特に、個人向けのサービスに向いています。管理栄養士によるダイエット支援、キャリアカウンセリングの面談後の継続フォローなど。

【パソコンタイプ】

ライターやイラストレーター、マンガ家、ＷＥＢデザイナーのような副業は、手持ちのパソコンでできます。

【パソコンと携帯電話タイプ】

企業の広報を外注で請け負うＰＲコンサルタントは、パソコンで作った資料をＰＲ会社に送付し、ＰＲブログを書いています。請負先の企業とのやりとりで電話を使います。

【ブログタイプ】

無料ブログを利用して、好きな分野について研究したことを書き続けるブロガー。ＷＥＢサイトが必要なら、Wix.comなどの無料ＷＥＢサイト制作サービスで簡単に制作できます。

【Instagramタイプ】

いわゆるインスタグラマーです。「子育て中でもおしゃれしたい」というコンセプトで、好きなファッションを毎日Instagramに公開し続けてフォロワーを増やし、なんと自分のお店（洋服・雑貨店）を開業した人もいます。

【オンラインサロンタイプ】

美容師やコンサルタント、コーチやカウンセラーが、オンライン上のサロンで、ノウハウを参加者にシェアします。

「これまでに培ってきたこと」を「ネットの無料サービス」を使って売っていくと、安価ではじめられて、どこでもできる副業になります。そうしたスキルがないと思っている人も、「好きなこと」なら追求できるのではないでしょうか？

C すぐにできる副業

自分で仕事をはじめるには準備が必要です。たとえば、何かお店をはじめるのであれば、まず店舗を用意しなくてはなりません。

ネットショップであっても、ネット上にお店を開設する準備が必要になります。また、SNSでユーザーアカウントを開設して、フォロワーと「いいね！」を集めなくてはなりません。セミナーやワークショップを行う場合も、集客のための工夫と時間が必要です。

「今すぐに」副業するためには、言葉はよくないですが、「すでにある仕組み」に〝乗っかる〟ことがポイントです。これについては、Part1でもお伝えした通りです。

「すでにある仕組み」とは、「すでに売上を上げている会社」や「すでに集客をしているネットサービス」のことです。

【すでに売上のある会社からお金をいただく】

・会社やお店で雇ってもらう

テレビCMで「コンビニのアルバイトを即日申し込んで働ける」サービスの宣伝をしていましたが、「登録して2～3日のうちに働けるアルバイト」もあるようです。すぐにお金を受け取るには、アルバイトが一番早いでしょう。

・会社から仕事をもらう

もし、あなたがグラフィックデザイナーで、知人の会社から「チラシのデザインをしてほしい」と言われたら、ふたつ返事でOKするのではないでしょうか。「やったー、仕事が発生した」と、ウハウハ気分になる人が多いと思います。

パソコンでデータを受け取って、自宅のパソコンでチラシのデザインを制作し、クライアントに送信。先方から「もっとこうしてほしい」という依頼を受けたら修整し、再送信。そして「OK！　ありがとう」と言われれば、お仕事完了です。

設立から日が浅くない会社なら、1～2カ月後にはあなたの口座にデザイン料を振り込んでくれるでしょう。

ただし、友人からの依頼の場合、副業だと「友人だからタダでやってくれるに違いない」と思われている場合もあるので、「デザインをお願い」と言われた時点で、「どれくらいデザイン料をくれるのか」確認しておくのがおすすめです。

【すでに集客しているネットサービスに登録する場合】

クラウドソーシングサイトに公開されている案件を請け負ったり、自分のスキルを登録して公開し、ネット上で案件を受注したりします。それらを利用するメリットは、案件が数多く掲載されていることです。

また、自宅のパソコンで受注から詳細のやり取り、納品、そして決済までを完了することができます。「忙しい中、自分で他の案件を探しに行くのは大変！」というフリーランス側の思いを、ネットを活用して解決することができるのです。

「そうだ、副業をしよう！」と思い立った当日にプロフィールを登録して、案件に応募することもできます。具体的には、次のようなサービスがあります。

・「**ランサーズ**」　https://www.lancers.jp/

国内最大級のクラウドソーシングサイトで、「ライティング」「ロゴのデザイン」「ホームページ制作」「アプリ開発」などの案件が公開発注されています。プロ向けの案件（例「プログラム開発／20〜30万円」）から、誰でもできるアンケート記入（例「マンション物件に関するアンケート／1件200円」）まで、登録されている案件の内容は幅広いです。

・「**クラウドワークス**」https://crowdworks.jp/
ランサーズと並んで国内最大級のプラットフォームとなっている、クラウドソーシングサイト。こちらは、「デザイン」「ライティング」「翻訳」「ホームページ制作」「アプリ開発」などの案件を公開しています。

・「**ココナラ**」https://coconala.com/
自分の「スキル」を売ることができるサイト。プロフェッショナルからアマチュアまで幅広く登録可能です。たとえば、プロによるナレーションが2分間3万円、プロによる作曲が5万円のほか、イラスト制作、動画編集、インテリアや家具のレイアウト相談など、多岐にわたるスキルの売買がなされています。

D こま切れ時間を活用する副業

日々、5〜15分程度の空き時間が発生すると思います。そうした「こま切れ時間（スキマ時間）」が発生するのは、何かの「待ち時間」です。たとえば、次のミーティングまでの待ち時間、電車を待っている時間、煮物やスープを煮込んでいる時間など。ちょっとした時間ですが、「あれっ、何かできるなあ」と感じることはありませんか。

実際、そういった限られた時間には集中力がアップして、思わぬ成果を上げたりしますので、有効活用しない手はないでしょう。

何か作品の一部をつくるといったような、一連の作業の一部分の制作のほか、次のような作業をする時間に使うことができます。

- メールをチェックする／メールの返信をする
- SNSをチェックする／SNSを更新する
- アンケートに答える

・文章の一部を書く
・イラストの一部を描く
・ネイルチップの一部を仕上げる
・アイデアを考えて、メモに書き留める

1回のこま切れ時間ですべてを仕上げるのではなく、3〜5回のこま切れ時間を合わせて、ひとつのタスク（仕事）を仕上げていくイメージです。

実際に、一般企業でも、「10分間の部下へのアドバイス」「15分でWEBサイトを簡単に更新」「ちょっと外出中に思い付いたアイデア」といった小さな仕事が、大きな業績の種になることがあるでしょう。時間割の組み方は違いますが、細かな作業にブレイクダウンしていくと、同じように「10〜15分の作業の積み重ね」という場合も多くあります。副業の場合は、特に、大きな仕事を「細かな仕事」レベルに区分していって少しずつ取り組むのが、長く続ける大切なポイントだと思います。

「1〜2時間」の多少まとまった時間が取れる日と組み合わせることで、〃立派な〃仕事時間になるのではないでしょうか。

この「こま切れ時間」の継ぎはぎが似合う仕事、こま切れ時間を集めることで進められる副業として、次のような仕事が挙げられます。

【ものづくり、連続アート系】

同じデザインの商品（アクセサリーやバッグなど）を何個も作る作業や、ネイルサロンで販売するためのネイルチップの色を塗り上げる作業など。パンの生地を練って発酵器に入れるといった、パーツに分けてコツコツ作る仕事のほか、デザインのアイデアも買い物をしている最中に、ふと浮かんだりすることがあるようです。

【ライター、マンガ家】

文章を書いたり、イラストやマンガを描くことは、案外「（通勤）電車に座っているとき」も向いていています。電車の中はざわざわしていますが、適度なざわめきによって逆にアイデアが出てきやすいのです。

「乗車時間が限られている」というのも、締め切りに追われている状況と似ていて〝ちょうど良い環境〟と言えるでしょう。それは、「洗濯機が止まるまでに終えよう」とか、「カレーが煮えるまでに仕上げよう！」などの感覚にも似ています。

【ネットショップ運営】

売上規模の大きなネットショップだと、一日中受注と発送業務を行うことになります。しかし一日の注文が3件程度の小規模経営の場合、週末に商品ページをネットショップに掲載し、平日はスキマ時間を使って受注業務を行うことも可能です。

【WEB制作】

WEB制作というと集中作業というイメージがありますが、まとまった時間とこま切れ時間を組み合わせて作業をしているプロも多いようです。

【ブロガー、インスタグラマー】

ブログやInstagramという自分メディアを持っていれば、空いた時間にスマホやパソコンで「今日の記事更新」ができます。子どもの行事の投稿を、ちょっとした待ち時間に写真加工だけしておき、夜中に正式にアップするということも可能です。

E 週末だけする副業

平日は本業に集中して、副業をするのは「週末の1日だけ」と決めている人も少なくありません。ひとり起業塾セミナーでも、そのような副業・ひとり起業家さんに多くお会いしています。

週休2日なら、1日を副業に使い、1日は自宅でゆっくり休養できると理想的ではないでしょうか。週末だけという距離感によって、本業と副業のバランスをうまく保てるためか、このタイプの副業で長く続けられている人が実際に多くいます。

「週末」に副業を集約するパターンには、次のようなものが見られます。

【他社のプロジェクトに、メンバーとして参加する場合】

・多い職業　デザイナー、マーケティングプランナー、ブランドコンサルタントなど
・相手先の企業団体　新興ベンチャー企業、NPO法人の団体など

デザイナーのEさんは、本業以外に5本の社外プロジェクトに携わっています。知り合いから頼まれて、デザインやブランディングについてアドバイスをしているそうです。

副業をするのは週末の1日だけと決め、ミーティングに参加するのは主に土曜日。本業のある平日には、週末に参加するミーティングの日程調整だけSNSやメール上でやりとりしています。

週末には本業とは違う業種の人たちに会うわけですが、それによってリフレッシュできていると言います。また、副業で得た情報が本業に活かされる場面もあるそうです。

【スクールや教室の「先生」を担当する場合】

一般企業の事務職をしているMさんは、平日の夜に週1回ワインスクールに通ってきました。

ワイン講師としての実力を付けるために、今は土曜日の昼間のクラスで講師アシスタントとして働いています。アシスタントなのでお給料はあまり多くありませんが、着実に実力を付けていて、将来的に独立も夢見ています。

また、営業職をしているTさんは、学生時代からテニスを続けていて、週末はテニススクールでコーチをしているそうです。

【教室を自分で運営する場合】

「週末だけ自宅で教室を開催している」という人もいます。Oさんの場合、平日は会社員をしていますが、長年続けている「茶道」のお稽古事を、毎週日曜日だけ人に教えるようになりました。自宅の一室を開放して教室を主宰しています。

【イベントに出展する場合】

ハンドメイド作家が活動しやすいのは、集客力のある大きなイベントです。イベントは週末に行われることが多いので、週末にお客様に対面販売することになります（作品作りは平日に行うという人もいます）。

タイプ別

副業に向くお仕事リスト

次ページから、A ～ E の特徴ごとに「副業に向いている仕事」を紹介しています（多くはＡ～Ｅが複数当てはまります）。「何となく興味はあるけれど、イメージが湧かない」「何からはじめたらいいかわからない」という方は、ぜひ参考にしてみてください。

- **A 自宅でできる副業**
- **B お金をかけずにできる副業**
- **C すぐにできる副業**
- **D こま切れ時間を活用する副業**
- **E 週末だけする副業**

A B C D E

マンガ家やライターになる

「片道2時間の通勤時に、マンガを描いていた」という副業マンガ家さんがいましたが、「会社員を続けながらマンガ家を目指した」「文章を書いたのは、会社からの給料の足しにするため」という有名人は結構います。

共通するのは、最初から高給取りではなかったこと。「最初は（ギャラは）無料に近かった」というようなことを言っているプロも珍しくありません。要は、「プロとしてやっていきたいかどうか」で、「副業でたくさんお金を儲けたい」という人には向いていないやり方かもしれません。

ある雑誌に連載しているマンガ家さんは、毎回見開き2ページで、1回あたり2万円の掲載料だそうです。マンガを描くことや文章書きは何歳までもできる仕事です。夢は諦めないでコツコツと、という方には向いているでしょう。マンガを毎日掲載したブログを見て、女性向け情報サイトから声がかかり、マンガの制作を依頼されるケースもあります。

【収入を得る方法】

・WEBメディアにコラムを寄稿したり、雑誌に投稿する
・電子書籍をつくって自費出版する（Amazonなどで販売する）
・ブログ投稿が出版社の目にとまって本を出版
・「note」で記事を販売する
・「ランサーズ」などのサイトで案件に応募して、ライターやイラスト案件を受注
・同人誌を自費で制作し、イベントなどで自分で販売する

【バリエーション】

・マンガ家
・イラストレーター
・デザイナー
・ライター　等

【必要な資格・経験】

特になし

【開業に必要な資金・モノ】

パソコンやイラストを描けるiPadなどを持っていれば、初期費用ゼロも可能

【収入の例】

・雑誌にマンガを投稿……1ページあたり5000～12000円程度
・イラスト制作……似顔絵の制作は1点あ

たり3000円〜

•「note」に掲載した記事の販売……1記事あたり100円など

•ある分野に特化した記事サイトに文章記事を投稿……1記事1000〜2000円程度

【注意点、ポイント】

①WEB経由で始まり、注文を受けるところから制作、修正、納品まで、取引先と顔を合わせる機会なく終わることも多いでしょう。

②作品を掲載したWEBサイト制作を。過去の実績もしっかり掲載しましょう。

③ある程度実績を積むまでは、注文しやすい価格設定にするとよいでしょう。イラスト制作で1点数千円であれば、お客様側が「もし失敗しても、何とかなる」と感じて注文しやすいものです。

④マンガや文章の内容は、自分が日ごろ関心を持っていることや趣味に関することを専門にするとよいでしょう。たとえば、貯金や投資に関心がある場合、マネー情報に特化した記事を連載するなど。記事制作のために調べることが実生活にも役立ち、一石二鳥です。

ABCDE ひとりリサイクルショップ

「着なくなった洋服を売る」ということは、昔から女性が得意とする活動です。

現在では「メルカリ」「ラクマ」などのスマートフォンアプリがあるので、ネットで簡単に「家庭でいらなくなったもの」を販売することができます。

そういえば何十年も昔から、「女性起業家」のある一定数は、この「自分がいらなくなったモノ」を販売することから起業をスタートされています。自分自身や家族が使わなくなったモノを販売して現金化し、それを元手に新商品を購入して販売をはじめたりして、「自分ひとりだけのリサイクルショップ」から商売が広がっていったパターンです。

商売上手な人は、自分のものだけでなく、他人のいらなくなったものを預かって売ったり、リサイクルショップを立ち上げたりできるでしょう。

そもそも女性の仕事として、「自宅の整理整頓・いらなくなったモノの処理」は「料理」

と並ぶくらい、生活の大部分を占めています。ですから、「中古品の販売」は女性が得意とする仕事となるのは必然的です。

特に「洋服」「バッグ」「食器」「おもちゃ」あたりは、女性の好きなものですし、いらなくなっても「他の誰かが欲しがっている」という状態になります。中古品販売の手段は、ネット経由でもフリーマーケットでも、自分が続けやすい方を選ぶと良いでしょう。

【収入を得る方法】

- 中古品販売アプリ「メルカリ」「ラクマ」などで、中古の洋服やおもちゃを販売
- フリーマーケットに出店し、中古品を販売

【販売に適した商品群】

- 洋服
- バッグ
- 靴
- おもちゃ
- レコード、CD　等

【必要な資格・経験】

中古品の販売には、販売場所の所轄警察署で「古物商」許可を取得する必要がある（「メルカリ」などのスマホアプリやフリーマーケットに出店する場合には必要ない）

【開業に必要な資金・モノ】

●リサイクルショップを開店する場合には、店舗取得費が必要。自宅の軒先でリサイクルショップを開く場合は特に必要なし

●フリーマーケットに出店する場合は、出店料（1000～12000円）

【収入の例】

●洋服……300円～

●靴……1000円～

●バッグ……500円～

●おもちゃ……300円～　等

【注意点、ポイント】

リサイクルショップを運営する場合には、所轄警察署で「古物商」許可を得る必要があります。許可の申請から許可証を得られるまでに数カ月を要することがあるので、リサイクルショップを開業すると決めたら、すぐに所轄警察署に相談に行き、申請を行うとよいでしょう。

A B C D E

本業の専門分野を活かした翻訳業

翻訳や通訳は、手軽な翻訳機やネットサービスでも簡単にできるようになりましたが、「専門分野」では今後も高いニーズが見込まれます。専門分野とは、医療、化学、法務、芸術などの分野です。

そうしたビジネス的な分野以外でも、語学力と専門性をかけ合わせれば、海外の最新事情を日本に紹介するといった方法で、本業や趣味を副業にすることができます。

たとえば、ヨーロッパへの留学経験を活かして、ヨーロッパの「ファッション」「編み物」事情を日本に紹介している人がいます。また各国に暮らしている人が、現地からネットを通じて情報を提供するパターンも増えました。

【収入を得る方法】

- 海外の最新事情を日本に紹介（WEBや雑誌、書籍への記事提供など）
- ブログに海外の最新事情を掲載

【バリエーション】

・ファッション
・ハンドメイド
・各国の経済事情、生活事情　等

【必要な資格・経験】

各国の語学力、知識

【開業に必要な資金・モノ】

特になし

【収入の例】

・日本のマスコミ媒体への情報提供（各国の暮らし方など）……記事の寄稿なら、1回あたり数千～3万円程度（無料の場合もある）

【注意点、ポイント】

世界各地からネットで日本の媒体にアクセスして営業をかけられる（存在を知らせることができる）ので、各国での暮らし方や子育て法、実際に暮らしてみてわかったことなど、生活情報を提供する人が増えています。たとえば、「イギリスの暮らし」「北欧の教育」など。どの副業でも同じですが、「他の人との違い」「自分だからできる分野」を探すことがポイントです。

A B C E

動画を編集して、ユーチューバー

動画を撮影して編集し、YouTubeにアップする「ユーチューバー（YouTuber）」が増えています。たいていの人が自分ひとりで動画を撮影し、パソコンで自分で編集してYouTubeにアップしているのではないでしょうか。

YouTubeの広告収入を得ることに加え、ファンを増やしてリアルビジネスに誘導するパターンが多く見受けられます。特に、ミュージシャンが三脚で固定したスマホやビデオカメラで自分の演奏風景を動画におさめ、YouTubeにアップする場合、再生回数が上がるにつれ、ファンが増えます。また、教室への集客手段ともなっています。

【収入を得る方法】

- 編集した動画をYouTubeにアップして、広告収入を得る

【バリエーション】

- ミュージシャン
- 美容関係（メイク、ヘアスタイル）

- 英語、中国語などの語学
- 着物の着付け
- 毎日の暮らしの工夫、子育てについて
- 各種ノウハウ　等

【必要な資格】

特になし

【開業に必要な資金・モノ】

動画撮影用のビデオカメラ、カメラ固定用の三脚、動画編集用のパソコン、動画編集ソフト　等

【収入の例】

- YouTubeに流れる広告の収入……再生回数に応じて加算。再生回数20万回で、1万～2万円程度
- YouTubeを見てファンになった人が商品を買ってくれたり、コンサート・ライブ・教室に来てくれるという二次効果が大きい

【注意点、ポイント】

ユーチューバーになれば高収入が得られるという単純なビジネスではありませんが、再生回数が増えることで、知名度や潜在顧客からの信頼感を生むことはできます。動画で他のビジネスを宣伝して集客する、という観点を大切にするとよいでしょう。

A B E

キャリアコンサルタント、コーチ

会社に10年以上勤務して、採用を行ったことがある人がよく副業に選ぶのが、キャリアコンサルタントです。採用経験の長い人は独立して本業にする人も。会社員経験と育児・介護との両立、部下の育成を経験した人が、その経験を活かしてキャリアコンサルタントとして活動しているというケースも多く見られます。

【収入を得る方法】

- 履歴書の書き方のアドバイス
- 仕事と家庭の両立についての講座・研修の実施
- 仕事と家庭の両立についてのコーチ、アドバイザー、メンター　等

【バリエーション】

- 新卒者の就職活動のサポート
- 第二新卒など、会社員経験者へのアドバイス
- 家庭と仕事の両立分野
- 年齢、経験に応じたキャリア構築のアド

バイス　等

【必要な資格・経験】

キャリアコンサルタント資格、認定コーチ資格　等

【初期費用】

資格の取得費（副業で実務経験を積んでから資格を取得する人もいる）

【収入の例】

●キャリアに関するコーチング……単発セッション1回（45～50分）　1万～15000円。1カ月コースで25000～6万円（月に3回電話・Skype・ZOOMまたは面談でセッション）等

●キャリアやコミュニケーションに関するセミナー講座……1回5000～3万円　等

【注意点、ポイント】

ブログ、メールマガジン、Twitter、Facebook、LINE@などでのキャリアに関する情報発信が欠かせません。女性が顧客になる場合も多く、「子育てや介護と仕事を両立」「管理職として部下を指導」「専業主婦から正社員としてキャリアアップ」などの経験がキャリアコンサルタント自身の〝売り（強み）〟に。自分自身の経験をWEBで発信していきましょう。

ADE

うつわや小物、名産品のネットショップを運営

副業としてネットショップを開設する人が徐々に増えていると感じます。中でも多いのが、写真撮影のうまい人が、その能力を活かして素敵な雰囲気のある商品写真を撮り、ネットに掲載しているケースです。

また、海外や全国各地への出張が多かったり、旅することが好きな人が、訪れた土地で見つけた郷土的なものや食品を仕入れて、ネットショップで販売する例もあります。あるいは、「以前から好きだったもの」を商材にすると決めて、生産地を訪れて仕入れてくる人もいます。

初期費用なしで簡単にネットショップが作れるサービスを利用するという方法もあります。

【収入を得る方法】

●商品を少量仕入れて、写真を撮り、ネットショップに掲載して販売
●手作りした作品を商品として、ネットショップに掲載して販売

【バリエーション】

●作家もののうつわ（器）、土鍋やフライパンなどの調理器具
●バッグ、かご、ポーチなどの「入れ物」全般
●アクセサリー
●保存ができる食品　等

【必要な資格・経験】

特になし

【開業に必要な資金・モノ】

商品の仕入れ代、WEBサイト制作費（無料サイト利用や自作の場合はなし）、インターネット接続料　等

〈無料のネットショップ開設サービス〉
BASE（https://thebase.in）
STORES（https://stores.jp/）

【収入の例】

●うつわ……1500～8000円
●バッグ……3000～5万円
●アクセサリー……3000～3万円　等

【注意点、ポイント】

①雑貨や保存食品を仕入れて売る場合、一番ネックになるのは「仕入れ値」が高いこと。「仕入れ値や、ネット掲載用の写真撮影や梱包の手間を考えると、商品が売れてもそれほど大きな利益は出ていない」という個人事業主の声もあります。ただ、「好きなもの」を仕入れられるという大きなメリットがあります。

②最初から売上高を期待せず、ＷＥＢショップの閲覧者を増やしつつ、少しずつ売れていくイメージではじめたほうがよいでしょう。

③ポイントは、他店が扱っていない商品を掲載すること。

ネットショップとはいえ、「実際に商品を見たい」というニーズが必ず出てくるので、商品を公開する場所があるとよいでしょう。自宅の一室をショールームにして、信頼できるお客様だけに公開している人もいます。

A D E

占い師

職場の人間関係や今後のキャリアについて抱えきれないほど悩みが出てきたとき、街角で占いコーナーを見ると、思わず自分の将来を占ってもらいたくなることがあります。時折占ってもらっても、子育てや介護があれば、また新たな悩みが出てきたり……。相談できる人が身近にいればいいけれど、たった30分、占ってもらっただけでどれほど癒されて気持ちが明るくなることか。

そんな自分自身の経験から、占いを各所で学び、経験が浅くても思いきって占い師として活動を始める人もいます。会社から帰宅して夕食を食べた20時以降、特に21〜22時あたりから午前0時くらいは、占いを待っているお客様も自宅でゆっくりしていることが多い時間帯なので、占いにはぴったりです。

よって、会社から帰宅後や子どもが寝た後に、パソコンに向かって、オンラインで占いサービスを提供している女性は多くいます。本業で正社員をしながら、副業で占い師をしているというパターンが多いようです。

【収入を得る方法】

- 占いを提供しているオンラインサービスに登録して、顧客を待つ（電話占い、オンライン通話占い）
- メール占い
- 夕方や週末に「占いの館」のような占い運営会社に出勤し、週1日占い師をする
- ブログやTwitterを使って自分で集客し、ホテルのカフェなどで占いやカウンセリングを行う

【販売に適した商品群】

- 西洋占星術
- 東洋占星術（風水、気学、手相、四柱推命、姓名判断、人相など）
- タロットカード
- スピリチュアル、ヒーリング　等

【必要な資格】

- 占いの各種資格があるとよいが、独学で勉強する人もいる

【開業に必要な資金・モノ】

- 占いスクールに通う受講料。占いに関する資料、道具（タロットカードなど）

【収入の例】

●オンラインで占い結果を伝える……1000円～

●占い師を集めている会社に登録……占い自体は1回あたり3000～5000円。歩合制で、占い料の40～50％程度

●自分でブログやTwitterで集客する場合……1名あたり5000～1万円　等

【注意点、ポイント】

①マッサージ、ネイリスト、メイクアップアーティストなど、美容関係の仕事との親和性が高いと感じます。「マッサージ施術後に、簡単な占いをしてあげたら喜ばれた」という方もいらっしゃいます。「タロットカード」「ヒーリング」などの分野も、あまりお客様のプロフィールを聞きすぎずにできるので人気です。

②占いサービスを提供している競合他社は多いので、どのようにお客様（ファン）になってもらうかブランディング力が問われるようです。

相談分野を「恋愛」「結婚」「片思い」「子育て」「仕事」など、どのように同業他社と差別化するかが肝心です。また、占い師は経験値の高さによって説得力も増すので、年齢が上がるほど価値が上がる商売と言えるかもしれません。

A E

お酒についての講座を開く

人生100年時代とか70歳定年制といった話が行き交っており、「えっ、70歳まで皆が働くの？」などと疑問に思っている方もいるかもしれません。しかし高齢化が加速し、今後「60〜80代の元気なひとり暮らし」が増えるのは確実です。2025年には3人にひとりが65歳以上になると言われていますし、ひとり暮らし世帯は、全世帯の半分を占めるようになります。

そんな中、月に数回だけ「誰かと交流しながら、夕食とお酒を嗜《たしな》む」ことは、健康維持にも役立ちそうです。お酒といっても、日本酒、焼酎、ワインなど様々で、赤ワインは健康にいいとか、アルコールを摂取すると血行が良くなるなんていう話も聞きます（年齢にもよりますが）。

たいてい、どこの地域にもあるのが「居酒屋」です。ワインを提供するレストランや、日本酒やウイスキーが飲めるカラオケ店もあるでしょう。そうしたお店を借りて「お酒についての講座」でも開いて、会費を少しいただいてみてはいかがでしょうか。

好きなお酒に関する知識を蓄え、うんちくを披露しながら、お酒を楽しむ。スクールや資格も各種あるので、「お酒を一緒に飲む人を集める」ことを目標に知識を得て、週末の夜に皆でわいわいやるのは楽しい副業に違いありません。むろん、参加者の年齢に合わせて、お酒の量を少なくするなど考慮は必要です。

【収入を得る方法】

- 「お酒についての講座」を60～90分ほど開く（日本酒講座、ワイン講座など）

【バリエーション】

- 日本酒、焼酎、ワイン、カクテル、クラフトビール
- 各種アルコールと食事、チーズ、甘いものマリアージュ（組み合わせ）等

【必要な資格・経験】

お酒についての資格を取得した方が講師としての説得力がある。たとえば、ワインソムリエ、ワイン検定、日本酒学講師資格

【開業に必要な資金・モノ】

資格の取得代

【収入の例】

・ワインの講座（60～90分間）……たとえば、ワインと料理のマリアージュ講座4000～1万円程度（試飲するお酒や料理代込み）。

・○○地方の日本酒を楽しむ講座（60～90分間）……講座の受講料として、ひとり1000～2000円（お酒や料理は別途）

【注意点、ポイント】

①アルコールを飲みながらの講座になるので、「夜間」の開催がメインとなるでしょう。週末など、「昼間」でも開催できる場合はとても健康的な講座として人気を博すかもしれません。

②本格的なスクール形式で行うならWEBサイトやSNSが必要となります。しかし、身近な友人や近所の知人を集めてこぢんまりと始める場合、最初は口コミや簡単な手書きチラシのコピー配布からでもよいでしょう。

③講座を定期的に続けていくには、講座を開く飲食店へのメリットを考えていくと効果的。その店で講座を開くことでアルコールや料理が売れれば、お店側も快く引き受けてくれることが多いはず。最初は貸し切りではなく、「5席だけ予約」といった形式で、気軽に開催することをおすすめします。

AE

料理研究家、フードコーディネーター

日々の暮らしを仕事にできる（お金に換えられる）のが、料理研究家という仕事。とはいっても、女性の仕事の中で競争相手が一番多い職業かもしれません。広義で言えば、有名レストランのシェフも競合となりえます。

活躍の場は、料理教室のほか雑誌のレシピ企画、企業から依頼を受けてレシピの制作、そしてテレビのお料理コーナーへの出演など、さまざまです。アイデア次第で、有名になって活躍することも夢ではありません。

会社員の方が週末のホームパーティーでふるまった料理が評判となり、友人向けの小さな料理教室を開催したことが、料理研究家の第一歩だったというケースもあります。その方は、今では会社を辞めて、自宅でレシピ開発や料理教室の運営に専念されています。

また、食空間を彩るフードコーディネーターが、メディアの撮影現場でテーブルコーディネートをしたり、その美的センスを活かしてケータリングを行うという道もあります。

中には、自宅兼スタジオで、テーブルコーディネート教室を行う方も。料理撮影が上手なフォトグラファーの知り合いを持つと、仕事に幅が出るでしょう。

【収入を得る方法】

- YouTubeにレシピ動画を投稿し、広告収入を得る
- 料理教室、子ども向けの食育教室などを開く
- ケータリングを行う
- 雑誌や広報誌、ＷＥＢ媒体からの依頼で、レシピを考案して掲載
- レシピ掲載ブログが出版社の目に留まり、本を出版
- 食品メーカーなどの企業から依頼を受けて、レシピを制作
- テレビの料理番組に出演する

【バリエーション】

- 世界各国の料理
- パン類
- お菓子類　等

【必要な資格・経験】

- 管理栄養士の資格があればよいが、基本的に資格はなくても活動は可能
- 野菜ソムリエ、○○マイスターなどフード系の資格が多く存在し、それらの資格を

個人の特徴として活かす人が多い
- フリーのフードコーディネーターや料理研究家は、有名な料理研究家のアシスタントを経て独立する人が多い

【開業に必要な資金・モノ】

自宅キッチンで、手持ちの家庭用調理器具を用いてレシピ制作ができれば、初期費用ゼロも可能。活動の幅が広がって、雑誌掲載のために自宅キッチンでレシピの説明や撮影を行うようになれば、作業台の新調や調理道具の購入に費用がかかる場合も

【収入の例】

- WEB媒体にオリジナルレシピを掲載……1回の掲載で1レシピあたり3000～3万円(材料費込みか別かは案件による)
- 料理教室の開催……グループレッスン1回1名あたり5000円（材料費別）、子ども向けの食育教室グループレッスン1回1名あたり2000～3000円
- 食品メーカーからレシピ制作の依頼……1レシピあたり5000～3万円（材料費別）等

【注意点、ポイント】

①競合が多い仕事なので、明確な差別化が必要です。「何でもできます」というアピールよりは、「10分以内に仕上げるお弁当」「年配者向けの簡単で栄養のある料理」と

いった明確なコンセプトが効果的です。「スープ料理」「節約できる献立」といった特定の分野に特化したレシピ研究なども。

②いち料理研究家としてのコンセプトや研究する分野は、自分の普段の生活に近いほうが毎日の暮らしをすべて仕事に活かすことができます。

たとえば、婚活中なら「彼氏に喜ばれる料理」、子育て中なら同じように「子育て中の家族向けのレシピ」、介護中なら「簡単にできる介護食」。

アジア諸国への旅行が趣味ならそれぞれの国の料理、ハワイ好きなら「ハワイ風」といったように、好きな分野やあなたの「今」を表現すると、アイデアが暮らしの中で頻発するため、無理なく続けやすいでしょう。

③レシピが話題を呼んだり、人気になるかどうかは、自分のＷＥＢサイトやブログに掲載する写真が美味しそうかどうかにかかっています。写真撮影の際には料理だけでなく、テーブルコーディネートやお皿、盛りつけ方にも気を配ることが必須。

また、調理法の動画制作を進める方も増えています。レシピ制作だけでなく、テーブルコーディネートや写真・動画の作成などフードコーディネーターのような領域まで担当すると、単価が上がります。

AE

お菓子作家（焼き菓子やゼリーを作って販売する人）

お菓子を作って自分で販売する人のことを「お菓子作家」と名づけました。お菓子作りが好きな人にもってこいの副業です。私もお菓子は大好きなので、マルシェなどでちょくちょく買いますが、趣向を凝らしているお店ではつい立ち止まってしまいます。

「友達に手作りのお菓子をあげたら好評で、ちょっと販売してみることにした」というきっかけでネット通販を始めたところ、思いのほか利益が上がったので本業にしたという女性もいます。

【収入を得る方法】

- 友人・知人から受注して直接販売する
- 自転車やバイク、自動車、軽トラックで、移動販売する
- 地域のマルシェやマーケットに、定期的に出店する
- 「Creema（クリーマ）」「minne（ミンネ）」などのハンドメイド投稿サイトに出展する

・自分のネットショップを開設し、ネット通販を行う

・カフェや雑貨店等に卸売り、委託販売を行う

・「お菓子教室」を開く

【販売に適した商品群】

日持ちするもの（2週間程度）

・焼き菓子（クッキー、マフィンなど）

・（密閉容器詰めの）ゼリー、チョコレート、マシュマロ　等

【必要な資格】

・保健所の「菓子製造業」営業許可

・食品衛生責任者

【開業に必要な資金・モノ】

材料の仕入れ費。オーブン、冷蔵庫、作業台、調理道具。改装費（自宅台所を保健所の営業許可がとれる厨房設備に改装する場合）

【収入の例】

・イベントで接客しながら販売する場合……クッキーセット150〜300円、マフィンやシフォンケーキ（一切れ）300〜400円。1回のイベントで300円のマフィンを200個売り上げた場合、売上6万円

・ネットショップを立ち上げて販売する場合……マドレーヌなどの焼き菓子1個30

0円、コーヒー・紅茶などと焼き菓子を詰め合わせたギフトセット1500〜3500円、タルトケーキ（ホール）3000〜4000円

【注意点、ポイント】

①商品作りは、保健所で営業許可を受けた厨房で行う必要があります。（営業許可のない）自宅の台所で作ったものを販売することはできないので注意。

「営業許可を得ている厨房施設」を借りてお菓子を作ることもできます。たとえば、千葉県大多喜町には、保健所で菓子製造業の営業許可を取得した厨房施設「菓子シェア工房老川」があり、オーブンや乾燥機などの機械や調理設備、作業台、道具付き。利用料金は4時間2000円、9時間3000円、月30時間8000円（いずれも1名あたり）。

4時間でどれくらいのクッキーを焼くことができそうですか？　それを売ったら売上はどのくらいになるでしょうか？

また、「厨房を空き時間に貸してくれる飲食店」もあります（「軒先レストラン」「よじげんスペース」といった間借り専門サイトには、ランチタイムなどに厨房と店舗を貸してくれる飲食店が数多く掲載されています）。

②加工食品には「表示ラベル」を貼ることが食品表示法で定められています。表示ラ

ベルには「一般的な品名（クッキー、ゼリーなどの一般的な商品の名称）」「製造者氏名」「製造所所在地」「消費期限または賞味期限」「使用添加物」などの記載が必要です。家庭用プリンターで自作することもできます。

③お菓子を作り、壊れないようにパッケージするのは、とても繊細な作業です。生産から販売までこなすのは手間がかかり、見た目よりも体力勝負なのがパティシエの仕事です。

副業の場合、「イベント出店は1カ月に2回のみ」「ネットショップでは受注日を絞る」など効率的に活動して、本業との両立をしたいところ。

④今やコンビニでも美味しい焼き菓子が買えます。コンセプトを持たせ、「かわいい」「面白い」と思ってもらえるような商品にしましょう。たとえば「動物」「花」「個性的なキャラクター」など、特徴のわかりやすい商品は人気です。

A E

ネイルサロン

ネイルスクールに通ったり、通信講座でネイル技術を学んでネイリストになり、自宅の一室に机と椅子を置いて、週に何回かネイルサロンを開いている方がいます。中には、ダイニングのテーブルにネイル道具セットを広げて行う人も。また、出張ネイリストとしてネイル道具を持参してお客様のご自宅に伺い、ネイルアートを施す方もいます。

美容院の一角をネイルサロンにしているのを見かけますが、外部ネイリストに委託して予約制で施術している場合も多いようです。

【収入を得る方法】

- 自宅の一室（または半分）に机を置いて、ネイルサロンにする
- どこかのサロンで週に1〜2回、ネイリストとして働く
- ネイル技術を習ったスクールで、週末や夕方に働く

【バリエーション】

・ネイルサロン

・ハンドマッサージ

・ネイルのチップ販売　等

【必要な資格】

ネイリスト検定の資格があるとベター

【開業に必要な資金・モノ】

スクールでネイル技術を習得する学費、資格の取得費用。自宅の一室等にサロンをつくる場合は、机と椅子2脚、ライト。ネイル道具・材料。（部屋を改装する場合は）改装費、玄関まわりの装飾、看板など

【収入の例】

・ジェルネイル……3000～9000円

【注意点、ポイント】

①週末だけでなく「仕事終わりの時間にネイルサロンに行きたい」というニーズも。平日の夜に施術することができれば売上も増えます（ただし立地や競合店が近隣にないなどの条件による）。

②自宅で開業する場合は、「駐車場があるかどうか」も集客の要素に。

③ネイルアートは定期的に行うものなので、「月1回来店」するリピーターのお客様がいれば、副業収入が安定します。

A E

マッサージ師

「マッサージ技術を勉強して資格を取ったので、自宅マンションの一室で施術しています」という方が時折、ひとり起業塾セミナーに来られます。副業でマッサージやエステのサロンを開く場合、そんな風に自宅をサロンにして、ひとりで施術するケースが多いでしょう。

昔から、自宅の一室でマッサージ施術という起業例はありますが、インターネットの発達によって集客の幅が広がり、女性がひとりで開くサロンが増えているように感じます。

固定客が増えて副業から本業へと発展し、アパートやマンションの一室に本格的サロンをオープンする人も多くいます。

本業の休日だけ副業でマッサージをしている方の中には、まずお友達に施術をして実績を積み、今ではＷＥＢサイトを見た近所の女性も来店するという方も。駅前の大型サロンとは違う、家庭的な雰囲気の中ゆっくり話をしながら施術を受けたいというお客様がいるようです。

また、各種マッサージを教えるスクールで資格を取得した後、そのまま週末や特定曜日の夕方にスクールが運営するマッサージ店でアルバイトをする方もいます。将来的な独立を目標に、本業のない時間に修業を積んでいるのだそうです。イベントや展覧会などで、ハンドマッサージをしている方もいらっしゃいます。

【収入を得る方法】

- 自宅の一室で、マッサージ施術を行う
- マッサージ技術を習ったスクールで、週末や夕方に働く
- どこかのサロンで、週に1~2回、マッサージ師としてアルバイトをする

【バリエーション】

- リンパマッサージ
- あん摩、指圧
- はり灸
- ロミロミ
- アロマテラピー
- アーユルヴェーダ
- 整体
- リフレクソロジー
- ハンドマッサージ、フットマッサージ
- 美容エステ　等

【必要な資格・経験】

各種マッサージの資格、お客様を施術した経験

【開業に必要な資金・モノ】

スクールでマッサージ技術を習得する学費、資格の取得費用。各種オイル。自宅にサロンをつくる場合はベッド、バスタオル、棚、玄関まわりの装飾、看板　等

【収入の例】

- 全身マッサージ施術……3000～8000円程度
- 美容エステ……5000～1万円程度

【注意点、ポイント】

①仕事として継続していくのであれば、自分のWEBサイトを制作しましょう。メニューをしっかり掲載できれば無料ブログでもOK。

②自宅で開業する場合は、「駐車場があるかどうか」も集客の要素に。集客は「女性限定」とするのが安心です。

③週に数回だけという限られた営業の場合、その時間にピンポイントで来店できる方だけとなるため、集客面で苦労する可能性も高いでしょう。収入を第一とする場合、どこかのマッサージ店で週に1～2回、時給制のアルバイトをするのが賢明かもしれません。

A E

民泊（住宅の一部を宿泊所として貸し出す）

実家の一軒家が広くて空いている部屋があったり、観光地から近いエリアにあるマンションの使っていない一室を活用して、「民泊」サービスを副業で行う人がいます。一部屋ではなく、古民家や空き家一軒を丸ごと手作りで改装し、民泊施設にするという例もあります。

「知らない人が泊まる」という不安もありますが、人との交流が好きなタイプなら向いているかもしれません。特に、観光地にある自宅を有効利用できるという点は見逃せません。旅行客の多い週末の需要が高いので、多くは「週末限定の民泊」となるでしょう。中には、週末の貸出しだけで月に10万円近く稼ぐ場合もあるようです。

【収入を得る方法】

- 民泊のマッチングサイトへの登録
  Airbnb（https://www.airbnb.jp/）
  Vrbo（https://www.vrbo.com/ja-jp/）

スペースマーケット（https://www.spacemarket.com）
宿泊だけでなく、「歴史を訪ねるガイドツアー」「民家で華道ワークショップ」「○○作り体験3000円」のような体験型イベントを販売することもできます。海外の旅行客からのアクセスもあるかもしれません

【バリエーション】

- 一軒家の一室、全室
- マンションの一室　等

【必要な資格】

旅館業法による「簡易宿所」営業許可を取得（営業する場所のある都道府県の保健所で申請）

【開業に必要な資金・モノ】

貸し出すために、部屋や玄関を改装する費用など（数万～数百万円程度）

【収入の例】

- 1部屋1泊1名……4000～15000円程度。1部屋9名まで滞在可で2～4万円の物件も。週末だけの貸出しで、売上8～10万円になる場合もあるようです

【注意点、ポイント】

①2018年6月に「住宅宿泊事業法」が施行。民泊の規制は厳しくなっています。

住宅を宿泊施設として宿泊費を得る場合、旅館業法による「簡易宿所」営業許可を取得する必要があります。各都道府県の「保健所」で営業許可を取得します。
②民泊の稼働可能日数は基本的に年間180日以内。条例により、地域によってはそれ以下の場合も。
③保健所に「簡易宿所」営業許可を申請する前に、都道府県の旅館業法担当窓口に事前相談を。地域によって規制の範囲が若干違うので、その地域の規制状況をよく調べたり、問い合わせをした上で民泊の基準に合った改装をしましょう。
④部屋を貸し出すという業務上、改装するケースが多く、初期投資に500万円ほどかかる場合もあります。その初期投資を回収できるまでに何年かかるかも計算してみましょう。
⑤女性のひとり住まいの場合、セキュリティには十分注意してください。また、集合住宅の場合は、民泊を禁止している場合もあるので、確認が必要です。

AE

空きスペースを貸し出す

民泊にも似ていますが、自宅の「駐車場」を貸し出したり、マンション・アパートの空き部屋を「会議室」「勉強会・セミナー会場」「料理もできるスペース」として貸し出すこともできます。観光地や大型スタジアム、大きな駅近くの立地は特に需要が高いようです。集客には、空きスペースのレンタルを専門とするマッチングサイトへ登録して、利用者を待つという方法が標準的です。

【収入を得る方法】

- 空きスペースレンタルマッチングサイト（掲載料無料）への登録

スペースマーケット（https://www.spacemarket.com/）

軒先パーキング（駐車スペース https://parking.nokisaki.com/）

軒先ビジネス（空き店舗等、お店が開けるスペースの貸出し https://business.nokisaki.com/）

れすなび（東京・横浜エリア https://resnavi.info/）

【バリエーション】

- （空き）駐車場スペース
- （空き）店舗
- （空き）会議室、（部屋）スペース
- （空き）サロンスペース

【必要な資格・経験】

特になし

【開業に必要な資金・モノ】

スペースの整備や改装をする場合は、その改装費

【収入の例】

- 駐車場のレンタル……利用料1日500～5000円（立地による。マッチングサイト手数料〈35％くらい〉を差し引いた分が収入）
- 会議室スペースのレンタル……利用料からマッチングサイト手数料（35％くらい）を差し引いた分が収入となる（3000円の賃貸が発生した場合、その65％くらいが収入に）

【注意点、ポイント】

大手マッチングサイトに登録すると、集客面だけでなく、利用者と直接金銭的なやりとりが発生しないというメリットがあります。

BCE

写真・動画の出張撮影サービス

近年、人気の副業のひとつとして「写真撮影」も挙げられます。個展や写真集がなくても、SNSやブログなどで、自分が撮る写真はどんなものかを披露できるからです。

プロの写真家に撮影してもらうよりも手頃なサービスを求める層が一定数いるので、アマチュア写真家にも活路があります。

ポイントは、人物写真を撮ることです。花や動物であれば、自分のカメラで撮れます。しかし「自分自身」をうまく撮るのは容易ではありません。「私を素敵に撮ってほしい」というニーズに加えて、「家族行事の写真・動画を撮ってほしい」というニーズもあります。

売り込みの方法としては、WEBサイトやSNSで営業活動をする方法もありますが、写真を撮ってもらいたい人とフォトグラファーのマッチングサイトを活用してもいいでしょう。

たとえば、家族や子どもの記念写真に特化したマッチングサイトがあります。記念撮影をしたい人が条件に合う好みのフォトグラファーを検索し、申し込みをすると、フォトグラファーとのやりとりがはじまる仕組みです。

フォトグラファー側は、サイト運営会社に申し込んで審査を受けます。審査が通ったら、経歴、使用機材、出張可能な地域やあいている日程などをサイトに登録して、注文が入るのを待ちます。

注文が入れば、お客様と撮影場所や写真のイメージなど詳細を事前に確認した上で、撮影を行います。当日は、自宅や屋外などお客様の希望の場所で撮影し、そして写真データを手持ちのパソコンで編集して納品して完了です。マッチングサイト経由での受注となるので、撮影料金の数十パーセントをサイトへ支払うというのが通常です。

- マッチングサイトに登録して集客する

fotowa（https://fotowa.com/）

OurPhoto（https://our-photo.co/）

Famm出張撮影（https://snap.famm.us/）

【収入を得る方法】

- 個別に注文を受けて、依頼者が撮影を希望する場に出向いて写真や動画を撮影する
- フォトアルバム加工まで行うと、一件あたりの収入が増える

【バリエーション】

・人物のプロフィール写真（仕事用、婚活用など）
・家族の行事写真・動画（七五三、お宮参り）
・結婚記念のフォトアルバム制作　等

【必要な資格・経験】

・写真や動画の撮影経験と技術が必要だが、資格は特になし

【開業に必要な資金・モノ】

高機能なカメラ（またはビデオカメラ）、パソコン、写真や動画を編集するソフトウエア（仕事や趣味で手持ちのものがあれば、開業資金は特になし）

【収入の例】

・現場に出張して、1時間くらい写真（動画）撮影……1～4万円（簡単な画像加工代、交通費別などは案件による）
・写真・動画の撮影教室の開催……グループレッスン1回1名あたり3～5千円程度（カメラは各自持参）
・写真・動画の撮影講師……セミナー会社から依頼の場合、1～3万円（1～2時間）　等

【成功のポイント】

①前述の通り、「人物」撮影が得意だと、

ニーズが高いでしょう。写真館で撮るような写真だけでなく、自然のある景色の中や神社仏閣などで撮影してほしいという需要もあります。お客様が選ぶ場所だけでなく、自分が得意とする撮影スポットをいくつか探しておくのもよいでしょう。

②人物の魅力を引き出す会話や、声かけの力を磨くとよいでしょう。テレビ番組などでプロモデルの撮影現場を見ると、フォトグラファーはモデルの良い表情を引き出すために、緊張をほぐす会話や、素敵な笑顔になる声かけを行っています。撮影現場でどのようなコミュニケーションが取れるのか。その能力も問われる仕事です。

③モノの撮影なら、「撮り方」を教える側に。

一般企業やショップ経営者がネットショップやInstagramに自社商品を掲載する際、「もっと商品を素敵に見せる方法」を知りたいと思っています。最近は、プロカメラマンを雇う場合も多いですが、自社内で写真撮影までしてしまう会社も増えています。カメラマンとしてより、「写真や動画の撮り方」をアドバイスする立場に回ると収益性が高いでしょう。

④撮影実績を掲載するサイトやブログを完備しましょう。饒舌《じょうぜつ》なセールストークよりも、「これまでに撮影した写真・動画」が一番のセールスマン。潜在顧客に披露する場をネット上に作りましょう。Instagramも集客やセールスに役立ちます。

B C E

スポーツ系インストラクター

「体を動かすこと」と「教えること」が好きな人は、フィットネスクラブでインストラクターの副業をしていたりします。

特に、「小中学校から水泳を習っていて、学生時代はそれなりの実力がある選手だった」というような人は向いているでしょう。

フィットネスクラブでは、週1～2日、1日4時間程度からアルバイトを募集するところも多くなっています。「教える」ことが好きな人には向いています。

また、「地元でテニスサークル・教室を自分で開き、教えている」という人もいます。「テニスのトーナメント好き」という共通項でできたサークル活動は、ワイワイと楽しいものになりますし、「テニス試合の運営」などで収入も見込めるでしょう。

【収入を得る方法】

・フィットネスクラブでアルバイト

・自分でスクールやサークルを開講して、レッスン、トーナメントを開催　等

【バリエーション】

・フィットネス、テニス、バドミントン、サッカー、フットサル、トライアスロン

・ウォーキング

・水泳やバレエ、ゴルフの個人コーチ

・子ども向けの体操教室、かけっこ教室

等

【必要な資格・経験】

・フィットネスクラブでアルバイトをする場合、インストラクターになるためのレッスンを受講し、インストラクター資格を取得など

・自分でスクールを開く場合は、特になし

【開業に必要な資金・モノ】

資格取得費

【収入の例】

・フィットネスクラブでアルバイト……時給900円程度～

・サークルを運営し、多人数が参加する試合トーナメントを開催。「試合に参加するチケット」を販売する場合……1日1ペア6000～17000円程度

・テニス教室のレッスン開催……月4回6000〜15000円、フリーレッスン1回2000〜5000円（テニス場のレンタル費は別途）　等

【注意点、ポイント】

・自分が通っていたフィットネスクラブのインストラクターになるというパターンも多くあります。長年通っている好きなスクールでインストラクターを目指すことは、趣味と実益が一致する、「楽しくて元が取れる」堅実な方法といえるでしょう。

・スポーツサークルを運営する場合は、Facebook やLINE@などでメンバーに情報を提供しましょう。「トーナメント試合」を開催するのであれば、対戦相手やチーム編成にあたって、人的な相性やコミュニケーションの活性化などに気を配ることが発展のカギになります。

・ウイルス対策で「3密」を防ぐことが重要になりました。屋外での指導やオンライン活用が、これから増えていくでしょう。「青空の下でトライアスロンの自転車（ロードバイク）指導」「運動公園でマラソン指導」「史跡巡りをしながらウォーキング・健康指導」など、屋外での活動も視野に入れたいところです。ただし天候によって活動の幅が左右されるので、悪天候の日の代替手段（たとえばZOOMで指導するなど）を事前に決めておくと良いでしょう。

BCE

家事代行サービス

副業をはじめる際に一番やりやすい方法は、「今までずっとやってきたことで、人様の役に立つ」こと。会社勤めが長い人は会社で得た知識、家庭を守ってきた人であれば家事をこなす力がそれです。

人生100年で70代後半まで働く時代になるとすれば、40代半ばから「家事代行」は現実味があり、すぐに始められる商売です。家事代行は「家政婦」とも言い換えられます。テレビドラマの「家政婦は見た！」をご存じの方も多いとは思いますが、昔からある商売なのでお客様側にも受け入れられやすく、紹介サービスも多くあります。

また、家事代行に子育てや介護のサービスを組み合わせれば、「ぜひお願いしたい！」と懇願される仕事になることは疑問の余地もないでしょう。

【収入を得る方法】

●家事代行会社に登録する
ベアーズ(https://www.happy-bears.com/)
キッズライン (https://kidsline.me/)
タスカジ (https://taskaji.jp/)
●近所の知人に、お客様を紹介してくれるよう普段からお願いしておく
●家事代行業としてSNSやブログにサービス内容と対応地域を記載し、問合せフォームやメール経由などで直接受注する

【バリエーション】

●料理が得意な人は「おかずの作り置きサービス」
共働き家族向けに、一週間分のおかずを作り置きするサービスは、都心を中心に人気が伸びています。料理研究家の副業としてもよいでしょう。
●掃除が得意な人は「お掃除サービス」
忙しく働く単身者や共働き夫婦が「週に2回、掃除を代行業者に頼む」という事例が増えています。シルバー人材センターに電話して、60~70代の女性に掃除を頼むということは昭和時代からありました。
●片づけが得意な人は「クローゼットの片づけサービス」
●「掃除と洗濯」を行う、一般的な家事代行サービス

【必要な資格・経験】

特になし

【初期費用】

家事代行会社やお客様とのやりとりは電話とメール、ＬＩＮＥなど。通常使っているスマホや携帯電話で対応できるので、初期費用ゼロも可能

【収入の例】

•家事代行会社に登録する場合……時給900〜1400円程度

•自分で開業して集客する場合……代行料金全額（時給2500円程度。その分、自分で顧客を見つける営業努力が思う以上に必要となる。責任もすべて自分にかかってくる）

【注意点、ポイント】

①「他人の家を掃除したので、もう自宅の掃除はしたくない」という職業病のような気持ちが生まれる人もいるようです。比較的、時間に余裕がある人の方が、お客様の家をきれいにするモチベーションが保てるのかもしれません。

②当たり前のことですが、週1回より2回、1回の単発受注より1年間契約など、連続して受注する方が売上は伸びます。家の中に入るので、お客様からの信頼感が何よりの仕事と言えるでしょう。

E

週末だけのお店（週3日だけの「カフェ」営業）

「週に3日しか営業していないカフェ」と聞くと驚くかもしれませんが、実は結構あって、商店街（といっても住宅街の近く）でひっそりと営業していたりします。

営業日が週3日というと、残りの4日間は店舗を開けないでもったいないと思う人もいるでしょう。しかし、お客様が集まりやすい日だけ営業する方法は、実は賢くて無理のないやり方です。

【収入を得る方法】

- コーヒー、紅茶などの飲み物やランチ、自家製パン、スイーツの提供
- 地域に住むハンドメイド作家の雑貨も委託販売

【バリエーション】

- コーヒー（バリスタ）
- ランチや軽食の販売
- 自家製パン、スイーツのお持ち帰り　等

【必要な資格】

・保健所の「喫茶店」または「飲食店」営業許可。パンやお菓子の製造には、「菓子製造業」営業許可が必要

・食品衛生責任者

【開業に必要な資金・モノ】

店舗取得費。内外装工事費。厨房設備、テーブル、椅子、看板。調理器具、食器。食材（の調達）

【収入の例】

・コーヒー、紅茶などのドリンク代……400～700円

・ランチ……800～1200円

・自家製パン、スイーツ……250～2000円

【注意点、ポイント】

①「開店を楽しみにやってくる」常連さんがどれくらいつくかがポイント。コーヒーをメインに販売するとしても、ランチや軽食の提供など客単価が上がる工夫を。

②営業日を告知するためにブログ、Twitter、Facebook、Instagram のうち、どれかひとつは開設しましょう。「今月の営業日・時間」と「今月の（今日の）メニュー」だけでも。

③近隣の人が来てくれるので、「食べログ」等の写真投稿のある情報サイトに掲載を。

E 週末だけのお店（雑貨）

週末だけ開くお店は、飲食店に限りません。あなたの家の近くにある商店街にも、週末だけ扉が開くお店があるかもしれません。

今は空き店舗が多くなっているので、２階以上の店舗物件を安価に借りられるケースもありそうです。

【収入を得る方法】

- お店（実店舗）を開いて雑貨などを販売する
- 同時にネットショップを開設してネット通販を行う場合が多い

【バリエーション】

- ハンドメイド雑貨
- うつわ、食器、キッチン用品
- 洋服や服飾関連の小物
- アクセサリー
- かご、バッグ

・おもちゃ
・リサイクル商品　等

【必要な資格・経験】

特になし

【開業に必要な資金・モノ】

店舗取得費。内外装工事費（自分で壁紙貼りやペンキ塗りもあり）。棚、什器の購入費（手作りも可能）。レジ、看板。商品の仕入れ。

【収入の例】

・雑貨……500〜1万円
・うつわ、食器類……1000〜1万円
・洋服……3000〜2万円　等

【注意点、ポイント】

①実店舗運営はリスクもありますが、「家賃が非常に安い（またはゼロ）」といった条件ならば、自分の好きなお店を気ままに経営することも夢ではありません（お店を始めるために店舗兼自宅になるアパートに引っ越して、そこに住みながら週末だけお店やワークショップ、お教室を開くという方もいます）。

②開店日が限られるので、集客のためにWEBサイトやブログの開設を。Twitter やInstagram、Facebook などのSNSで、開店日をこまめに告知しておきましょう。

③課題となるのは、定期的な仕入れ費用をどう捻出するかということ。「商品価値が長く持続するもの」を商品として選んで、すぐに売れなくても商売が持続できるようにしたいところです。

④雑貨店の売上は、時期や天候に大きく左右されます。「毎月の維持費を低く設定して、売上の少ない月でもやっていける」ようにして、気長に構えられる人が向いています。

また、最初は人を雇わず、店主ひとりで運営すれば人件費がかかりません。お客様が増えてきたら、家族や友人に少しだけ手伝ってもらうといいでしょう。

その際は、お礼を言うだけでなく、交通費やちょっとしたお土産を渡すなど、心遣いを忘れずにいたいものです。

E

移動販売

週末に大きな公園のかたわらで、女性ふたりが工房で焼いたパンをクルマに載せて売っているのを見たとき、心が躍りました。近づいて、並べられたパンと手書きのプレートを見たら、どれも美味しそう！

そんな風に、どこにでも移動できるクルマやバイク、自転車の荷台に食べ物を積んで女性が販売するスタイルを目にする機会が増えました。

キッチンカーで焼き立てのピザを提供したり、あらかじめ作っておいたスイーツを包装してクルマに載せたり。

パン、シフォンケーキ、ワッフル、お弁当といった食べ物のほか、洋服、帽子、雑貨、お花、絵本など、オーナーの好みのものが移動販売されています。

【収入を得る方法】

●出店場所に移動して、自転車、バイク、自動車、軽トラックで、商品を販売

【バリエーション】

●食べ物（ランチボックス、スープ、クレープ、かき氷など）
●飲み物（コーヒー、その他ソフトドリンク、アルコール）
●洋服、雑貨
●お花、鉢植え
●絵本、写真集　等

【必要な資格】

食べ物を提供する場合

●保健所の営業許可
●食品衛生責任者
●運転免許証
●道路使用許可
●国土交通省の許可　等

【開業に必要な資金・モノ】

クルマ、バイク、自転車など移動する店舗本体。車内の改装費（車内調理可能なキッチンカーの場合は、保健所の営業許可がとれる厨房設備を取り付ける改装費）。のぼり旗、看板、棚。材料の仕入れ費。オーブン、冷蔵庫、作業台、調理道具　等。

【収入の例】

●コーヒー、カフェラテなどのドリンク……200〜600円

●ランチボックス……600〜1000円

●パン、焼き菓子……200〜400円

●サンドイッチ、ピザ……400〜800円

●Tシャツ、洋服……3000〜1万円程度

●雑貨……200〜3000円程度

【注意点、ポイント】

①キッチンカーは、保健所で営業許可を受ける必要があります。事前に保健所に相談するようにしましょう。

洋服、雑貨、お花などの移動販売は、軽トラックやバンをそのまま使用しているケースも多いようです。

②キッチンカーの厨房には2槽シンクの取り付けが必要になります。設備はネット通販で揃えることも可能です。どこまで専門業者に頼み、どの程度手作りするかによって、移動販売車を用意するための準備費用が変わってきます。

E コンサート、ライブを自主開催する

数ある趣味の中でも、音楽に関することに興味のある人は多いのではないでしょうか。私も、友達が開催するライブに行ったり、お子さんが定期演奏会をするからとピアノコンサートのチラシをいただいたりしたことがあります。

自分で演奏会を開きたいのであれば、まず、どんな内容にするかを決めます。そして、その演奏に適したホールやライブハウスを借りる日程を決め、会場を予約します。確定したら、チラシやSNSなどで友人知人に宣伝します。

近隣の有名なホールのほか、演奏をさせてくれる（音が響いても問題ない）レストランやカフェで開催する場合も多いでしょう。個人経営のレストランやカフェなら、店舗オーナーと交渉もしやすく、店舗側にも集客の大きなメリットがあります。最近では、都内のカフェなどで若手落語家の単独ライブが行われるのも見かけます。

【収入を得る方法】

・小さめの会場を借りてチケットを販売し、コンサートを開催する

・自主制作のCDなどを販売する

【バリエーション】

・ピアノ、ギターなどの楽器奏者（数名のグループを含む）

・ジャズやロックのバンド演奏家

・歌手、声優

・落語家、講談師　等

【必要な資格・経験】

音楽の専門学校や音楽大学の卒業生が多い（必須ではない）

【開業に必要な資金・モノ】

コンサート会場代、チラシやチケットの印刷代、練習会場代（回数分）　等

【収入の例】

・チケット代……2500〜4000円

・自作CD……1枚1000〜3000円

【注意点、ポイント】

①一番のネックは「集客できるかどうか」。

コンサートやライブに来てくれるお客様は、友人や知人が一番多いはずです。普段からの声かけを大切にしていきましょう。回数を重ねるごとに、常連になってくれる方も少しずつ増えていきます。

フェイスブックのように、相手に直接コンタクトできる（売り込める）ツールを活用してお誘いするのが効果的。また、印刷したチラシを直接渡してもよいでしょう。ポイントは、個人に「直接、個別に」お誘いすることです。

②活動の紹介やコンサート・ライブの告知を無料でできる場を、TwitterやＬＩＮＥなどＳＮＳに持っておきましょう。その活動自体の話だけでなく、旅や食べ物、趣味、毎日の暮らしのことなども、ファンを獲得するきっかけとなります。

③YouTubeやインスタグラムで、ライブの様子を配信しましょう。閲覧者数によってどのような曲が人気なのかがわかりますし、次回のライブの宣伝をすることもできます。

また、「教える」ことを副収入としているミュージシャンも多いものです。楽器や歌唱を教えることが得意な人は、YouTubeでレッスン開催日などのお知らせをするとよいでしょう。

column 3

茶道と着付けの先生

一般企業で営業事務の仕事をしているＳさん。学生の頃から茶道を習っていて、ある流派のお免状を持っています。「誰かに教えてみたい」と思い、自宅の６畳和室で茶道の教室をはじめることにしました。

平日は仕事があるので、土曜日の昼間に開催することに。資金はあまりかけられないので、持ち運びができる茶道セットを購入し、ブログやインスタグラムを開設しました。

友人何人かがフォロワーになってくれたあと、近距離に住んでいて茶道に関心がありそうな人を、次々とフォロー。少しずつSNSのフォロワーも増えてきた頃､友人知人に声をかけ､1回3500円（お茶菓子込み）で小さなお茶会を開催しました。写真をアップすると「いいね！」が思いのほか多くつき、それがSNS更新を続ける励みとなっています。趣味で買い集めている茶碗を使うことも楽しみのひとつです。

もうひとつの楽しみは、着物を着ておもてなしができること。着物には学生時代からなじんでおり、着付け師の資格も取得したところです。お茶会に来てくれた方に着付けの稽古の案内をしてみたところ、「通ってみたい」と言ってくれた人がいました。さっそく、稽古の日に隣駅のカジュアルな着物屋さんに一緒に行ってみることになりました。

これからは、自宅で着付けの教室も開いていきたいと考えています。生徒さんを増やすために、SNS更新や地域イベントへの参加を積極的に行っていく予定です。

Part 4

副業の基本ノウハウと、楽しく続けるコツ

副業って、どのくらい儲かる？

「副業って、どれくらい儲かるの？」という質問を受けます。

好きなことや、やりたかったことを実現するとか、毎日が充実するといった側面も大事ですが、副業を考えたきっかけは「お金」という人が多いのではないでしょうか。

そして、

「せっかくやるなら、収入もちゃんと欲しい」

という声はよく聞こえてきます。

人それぞれ目標は違うと思いますが、ひとつの副業で「成功した」というラインは「月3〜5万円」の収入を安定的に得られることだと思います。副業をいくつか組み合わせて、〝複業〟を実践する人も増えています。人生100年時代の人生後半は、そんな〝複業〟スタイルが合っているのでしょう。

月3〜4万円の副業が5つあれば、月の収入は20万円になります。もちろん、月収が

8万円の副業もあれば、2万円のものもあるでしょうし、副業を始めたばかりの頃は、月収は5000円以下ということもあるので、あくまでも目安です。

さて「月3万円」といえば、20日間、1時間ずつ取り組むとすると、毎日1500円くらい。月に3日の場合は、1日あたり1万円稼ぐというイメージでしょうか。

マッサージ施術なら、ひとり当たり5000円の施術を2名分で1万円。ネイルサロンの場合、とても凝ったデザインなら、お客様がひとりでも1万円くらい稼げるかもしれません。

＊「お金がかからない」副業を選ぼう

経営コンサルタントとして、多くの女性の起業スタイルを見てきましたが、長く続けていられる人は「お金がかからない」副業を選ぶ傾向があります。これは「女性ならでは」の特徴です。最初からたくさん稼ぐことを考えるより、まずはコストを抑える方向性で進めるというイメージです。

■「初期投資」が少ないほどいい

ビジネスには「元手（初期投資）が多くかかるもの」と「初期投資はあまり必要ないもの」があります。

「初期投資」とは、ビジネスを始める前の準備として必要なものです。たとえば、素敵な内装の飲食店を作るためには、外観や内装にお金をかけた店舗が必要です。それなりのテーブルや椅子も用意しなくてはなりません。素敵な飲食店を作るための初期費用は、一般的に2千万円くらいと言われています。

また、チェーン店のような雑貨店を始める場合、お店を開く前から、商品の大量仕入れが必要となります。お客様がどれだけ購入してくれるかわからない段階で、多額の仕入れをしても大丈夫でしょうか？

大規模なアパート経営なども同様です。

もし、「おばあちゃんから譲り受けたアパート」を賃貸経営していくのであれば、初期投資はあまりかかりませんが、アパート1棟を最初から建設するとなったらどうでしょうか。将来的に多くの家賃収入は得られそうですが、初期投資が多くかかり、多額の借金を背負いながらの経営となります。

その逆に、「初期投資があまり必要ないビジネス」もあります。代表的なものは、「自分を派遣するビジネス」です。たとえば、「家事代行サービス」。よそのお宅に伺って、掃除や洗濯をお客様の代わりに行います。無料のSNSで代行会社に登録したり、自分で直接受注することもできるでしょう。

「自宅でネイルサロン」もいいですね。自宅の一室を清潔にして、少し飾り付けて〝サロン〟として使用すれば、それほどお金もかかりません。

■立派なブランド店より、ハンドメイドの方がお金はかからない

洋服を販売するアパレルのお店を経営する場合、すべての洋服を自分でデザインして生産販売すると、多額の制作費がかかります。また、商品を生産するとなると、工場への依頼が必要ですが、工場は一度に多くの数を生産しないと受け入れてくれない場合が多いものです。

そこで、「商品の種類を絞る」などの経営の工夫が必要になります。「自分でハンドメイ

ドした洋服を、店舗を持たずに販売」という場合は、商品を手作りする手間（時間）はかかりますが、初期費用は、材料費だけで済みます。

どのような業種であれ、最初は何でも新しいものを揃えるより「手持ちのもので副業をはじめる」のが、一番賢い方法です。副業をはじめるなら、その事業はどこまで「手持ちの道具」や「誰かからもらえるもの」「借りられるもの」でできるかを考えてみましょう。それによって、初期費用をぐんと抑えることができます。

「初期投資があまりかからない」副業には、「素敵なカフェを運営」のような華やかさはありません。

チヤホヤされ、もてはやされるのは、多額の初期投資をしたお店かもしれませんが、肝心なのは副業を始めた「後」です。地道に続けられるタイプのビジネス、または、撤退しやすいビジネスを選びましょう。

副業をはじめる手順

ここまでお読みいただき、「どのような副業をはじめたいか」について、おおよその目星はついたでしょうか。業種は定まったけれども、何から手をつけてよいかわからないという方もいるかもしれません。

副業をスタートする方法は人それぞれですが、基本的な手順として、次の7つのステップを紹介します。

1 どのような副業をはじめるか？（業種）を決める

まず、「これからやってみたい副業は、どのようなことか」を考えてみましょう。この本の67ページで書いた（あるいは、ノートに書いた）内容を思い出してみてください。

記入してから日にちが経っていれば、もう一度書き出してみることをおすすめします。

手帳やどこかの紙の端切れでもいいので、思いつくまま書いてみましょう。

たとえば、「マンガ家」「料理教室」「ネイルサロン」「ブロガー」といった単語だけでも。その中で「あっ、これがやりたい！」と思ったものを、まず副業の第一候補にしてみるといいでしょう。

2 副業をする「曜日」「時間帯」をスケジュール帳に記入

次に、「副業をいつやるか？」ということも重要です。副業に使う時間を、実際にスケジュール帳に書いてみると、「○曜日は空いていると思ったけれど、前日は帰宅が夜遅いので疲れやすいかも」というように、見えてくるものがあるかもしれません。

ココロとカラダが副業に向いている日・向いていない日がわかれば、「毎週ではなく、隔週にした方が続けやすい」「夜はやっぱり難しいから、朝の通勤時間を活用できないか」など、時間の使い方を工夫することも頭に浮かぶはずです。

3 副業もひとつの〝事業〟ととらえて、(事業)計画をメモする

さて「副業にかけられる日や時間」を見積もったところで、次はいよいよ副業の詳細についで考えていきます。183ページの「かんたんな副業の事業計画メモ」を参考に、副

業で行うあなたの小さなビジネスの詳細を書き出していきましょう。

4 商品やサービスの「売り先」を確保する

3で計画を立てたら、「売り先」を見つける必要があります。

「売り先」とは、たとえばマンガ家であれば、雑誌やWEBサイトなどの「掲載先」です。雑誌社やサイトの運営元に応募しましょう。

ブログやLINEなどのメディアを自分で立ち上げる場合は、それらにアカウントを作ります。教室をはじめる場合は、教室スペースを探しましょう。

教室やサロンをつくるにあたって、費用が最もかからないのは自宅です。もし自宅で行うのであれば、どの部屋を使うのか、玄関からの動線も考えてみるといいでしょう。また、お客様になってくれそうな人（見込み客）への宣伝手段として、ブログやSNSを開設しておきましょう。

5「売るもの」を作る

4で売り先を確保しながら、実際に「売るもの」を作っていきます。

料理研究家なら、オリジナルレシピを考案してレシピ表を作る。漫画家なら、自分のブログに4コマ程度の定期的に制作しやすいマンガをアップする。教室運営の場合は、レッスン日とレッスン内容をまとめて、ブログやSNSに予定を書き込む、といった具合です。ネットショップの場合は、商品写真を撮影し、サイトのトップページに3商品くらいでもいいので商品写真と説明文を掲載しましょう。

6 宣伝（集客）をする

5で「売るもの」ができれば、写真や文章にして潜在顧客に宣伝します。「事業計画メモ」に書き込んだ顧客ターゲットに向けて、情報を発信するのです。

あなたの商品・サービスのことを知り合いに伝えてみたり、ブログやSNSの更新を続けたり、顧客につながるマッチングサイトに登録してみるなど。集客は複数の方法で行うと効果的です。

7 副業をスタート！　商品の制作やサービスの提供を行う

6の「宣伝」を行うと、誰かからの反応があるでしょう（まったく反応がない場合は気

・副業をはじめる手順・

1 どのような副業をはじめるか？（業種）を決める

↓

2 副業をする「曜日」「時間帯」をスケジュール帳に記入

↓

3 副業もひとつの“事業”ととらえて、（事業）計画をメモする

↓

4 商品やサービスの「売り先」を確保する

・マンガ家の場合は、「掲載先」
（雑誌社への応募、自分メディア〈ブログ、LINE etc.〉を立ち上げるなど）
・教室の場合は、教室のスペースを探し、見込み客への宣伝手段をつくる（ブログ、SNS など）

↓

5 「売るもの」をつくる

・教室の場合は、「教える内容」をつくる（レッスン内容をまとめる、料理教室の場合はレシピ表など）
・ネットショップの場合は、ネットショップのページ制作、商品写真と説明コメントの掲載

↓

6 宣伝（集客）をする

↓

7 副業をスタート！　商品の制作やサービスの提供を行う

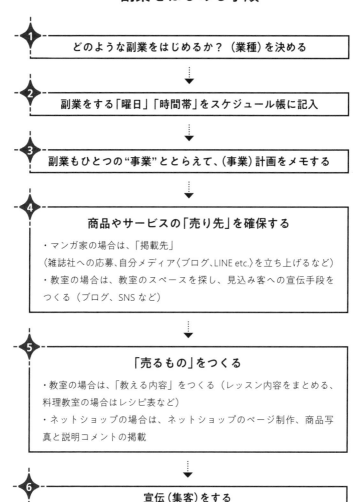

にしないで。商店街を歩いているとき、お店の前を素通りするのと同じようなことです）。

商品を準備して宣伝をはじめたということは、あなたの副業はスタートしたのです。

うまくいったことは続けて、うまくいかないことはその都度、やり方を変えるなどの軌道修正をしながら副業ライフを楽しんでいきましょう。


これらのステップは、もちろん一気に進める必要はありません。たとえば、最初の日は1と2、翌日に3、その1週間後に4、本業が忙しかったので1カ月後に5、6、7というこま切れの進み方でもいいでしょう。

副業の「事業計画メモ」

あなたは、計画派ですか？　なりゆき派ですか？　「自分らしい副業」を続けていくなら、自分に合った副業を見つけて、計画を立てることが大切です。

計画といっても、副業はとても小規模な事業なので、きっちりとした計画書を立てるというよりも「大まかな見通し」と「どのような行動をとればいいのか？」を導き出すものです。

183ページにある表を参考に、かんたんな事業計画を書き出してみましょう。誰かに見せるものではなく自分用のメモなので、ざっくばらんに書いてみてください。

1 副業をして達成したいこと（目標）

あなたが「副業をしたい理由」を書いてみましょう。それは同時に「副業でどのようなことを達成したいのか？」と表裏一体だと思います。たとえば、「人の役に立ちたい」「収入を増やしたい」「自分の能力を活かす場所をつくりたい」。

2　私の「得意なこと」「強み」

68ページで挙げた「得意なこと」「得意だと思っていること」をまとめましょう。たとえば、「ミシンで縫うこと」「パン作り」「人の話を聴くこと」「パソコンのExcelスキル」。

3　どのような副業をしたいですか？（事業内容）

副業ではじめたい事業内容を具体的に書いてみます。たとえば、「地域の街おこしイベントの企画運営」「オンラインでカウンセラー」「週末に自宅でパン教室」「ハンドメイド作品をマルシェや『minne』で販売」。

4　誰と一緒に、その事業をしますか？（取引先、副業関係者）

副業に関わる人の名前を書き出してみましょう。副業を誰かとチームで行うならそのチームメンバー。知り合いのカフェで教室を開くなら、そのお店の店主など。たとえば、「友人の○○さん」「姉の○○」「○○カフェの店主○○さん」「自分ひとり」。

5 どのような「商品」「サービス」を提供しますか？（取扱商品・サービス）

副業で収入を得る際に、何を売って収入を得ることになるでしょうか？　あなたが提供する商品やサービスについて、具体的に書きましょう。たとえば、「布小物（特にバッグ類）」「〇〇県の特産品」「オリジナルレシピのスパイスカレー」「ハンドマッサージ」「パン作りのレッスン」。

6「お客様」はどのような方を想定していますか？（顧客層）

あなたの商品・サービスを購入してくれるお客様はどのような人でしょうか？　実際にはじめてみないとわかりませんが、現在「想定する人」を書いてみてください。たとえば、「20～60代の女性」「ファミリー層」「会社帰りのひとり客（男性、女性）」「〇〇会社」「NPO法人〇〇」。

7 副業をはじめる際に「購入するもの」と「必要な資金」は？（資金）

副業をはじめる際に必要な資金はどれくらいでしょうか。その初期費用の内訳とともに書き出してみましょう。たとえば、「パン教室を開講するために、自宅のテーブルにかけるテーブルクロス」「布小物を作る材料」「マッサージサロンで施術をする際に使用するハンドケア用品」「必要な資金は特にかからない」「数千円くらい」「資格取得費10万円」。

8 副業による「収入」の見込みは？（売上）

副業で得られる収入はどれくらいでしょうか？　こればかりは実際の集客の状況にもよるので、副業を始めてみないとわかりませんが、見通しとして書いてみましょう。たとえば「地域でイベントを開催して、1回で5万円の収入」「パン教室を開催して月に2万円」「出張フォトグラファーに月2回呼ばれて3万円」。

もちろん、すべてが計画通りにいくわけではありません。それでも、「副業をはじめる前に書くメモ」として記録に残しておくことで、初心を胸に刻むことができます。

もし、「必要な資金」がまだ思い浮かばなければ空欄でもかまいません。ゆっくりと「何を準備しようか？」と想像してみてください。また、副業をスタートしてからも、時々、見直して、数字や言葉を修正しましょう。

・かんたんな副業の事業計画メモ・

（記入日　　　　年　　　月　　　日）

1 副業をして達成したいこと（目標）

（例：人の役に立ちたい、収入を増やしたい、能力を活かしたい、起業資金を貯めたい　など）

2 私の「得意なこと」「強み」

（例：裁縫、パン作り、人の話を聴くこと、PC スキル　など）

3 どのような副業をしたいですか？（事業内容）

（例：イベント企画、オンラインでカウンセラー、週末にパン教室、ハンドメイド作品をマルシェで販売　など）

4 誰と一緒に、その事業をしますか？（取引先、副業関係者）

（例：友人の○○さん、自分ひとり、姉妹、知り合いの○○カフェ店主　など）

5 どのような「商品」「サービス」を提供しますか？（取扱商品・サービス）

（例：　布小物、○○県の特産品、スパイスカレー、ハンドマッサージ、パン作りのレッスン　など）

6 「お客様」はどのような方を想定していますか？（顧客層）

（例：20 ～ 60 代の女性、ファミリー層、会社帰りのひとり客〈男性、女性〉、○○会社　など）

7 副業をはじめる際に「購入するもの」と「必要な資金」は？（資金）

（例：パン教室のためのテーブルクロス、布小物の材料、ハンドケア施術用品、必要な資金はかからない、数千円くらい、資格取得費 10 万円　など）

8 副業による「収入」の見込みは？（売上）

（例：イベント 1 回で 5 万円の収入、出張フォトグラファーで月に 3 万円、青空ヨガの講師で月に 2 万円　など）

開業資金と資金調達

初期投資は少ないほどいい、という話をしましたが、どれくらいの開業資金を用意している人が多いのでしょうか？

日本政策金融公庫が行った「2016年度 起業と起業意識に関する調査」によると、起業した人の半分以上が、100万円以下の少資金で起業しています。また、起業した人の4分の3が自己資金のみでまかなっています（開業資金100万円以下の場合はそのほとんどが自己資金）。

副業をする人の多くは「今ある自己資金でまかなえる範囲」で副業の準備をしているものの、開業資金が100万円を超えると、金融機関や自治体から借り入れをする人が増えていきます。

100万円以上の「ある程度まとまったお金」が必要な場合は、「できれば将来、副業をそのまま本業にしたい」と決意している場合ではないでしょうか。「週末にカフェや雑貨店、キッチンカーでの販売をはじめて、少しずつ売上を伸ばし、売上の目途が立ったら本業にしたい」という構想を持っているようなケースです。そうした場合は、初期投資にお金をかけることもあるでしょう。

そんな人のために、ここでは、金融機関からの借入れや自治体からの「補助金」「助成金」について説明しましょう。

■金融機関からの融資

副業・起業の開業資金が足りない場合、金融機関から借りるという手があります。その際には、「創業計画書（事業計画書）」を提出します。

たとえ副業であっても、借入時には、事業の見通しがどのようになっているのか、計画を詳細に説明する必要があるのです。金融機関に提出する事業計画書は、183ページの事業計画メモをもっと詳細に示したものになります。

「創業の動機」「経営者の略歴」「取扱商品・サービス」「取引先・取引関係等」「従業員」「現在の借入金の状況」「必要な資金額とその調達方法」「売上や原価、経費金額の予測」などについて記載します。

政府系金融機関である日本政策金融公庫には、「女性、若者/シニア起業家支援資金」という、女性に適した創業融資制度があります。

【女性、若者/シニア起業家支援資金（2020年7月時点）】

・融資対象者　女性または35歳未満か55歳以上の人であり、新たに事業をはじめる人または事業開始後おおむね7年以内の人向け

・融資限度額　7200万円（うち運転資金4800万円）

・返済期間　設備資金　20年以内（うち据置期間2年以内）
　　　　　　運転資金　7年以内（うち据置期間2年以内）

＊詳細は日本政策金融公庫のWEBサイト（https://www.jfc.go.jp/）にて。

■都道府県や市町村などの地方自治体による、女性起業家支援制度

女性起業家向けの融資制度は、都道府県や市区町村などの地方自治体によるものも多くあります。創業融資制度には募集期間が定められているものが多いので、その期間に申し

込みをする必要があります。

手厚い制度もあるので、ぜひ活用したいところです。起業を考えている方は、まず事業を行う地域で、創業融資制度がないかどうかを調べてみましょう。

■「助成金」「補助金」の活用

これまでは借り入れの説明をしてきましたが、実は行政による「助成金」や「補助金」という「返済不要」の支援もあります。

たとえば、公益財団法人東京都中小企業振興公社による「若手・女性リーダー応援プログラム助成事業　都内商店街の活性化につながる店舗開業女性」という期間限定の事業では、東京都内の商店街で新店舗を開く個人に対して最大数百万円の助成があります。

店舗の新装・改装や設備備品の購入に関する助成や家賃補助があり、「商店街を盛り上げていこう」という人がやる気になれる制度です。

このような助成金や補助金も期間限定での募集が多いので、どのような制度があるのかを調べ続けることが大切です。

■クラウドファンディング

インターネットを活用して不特定多数の人から資金を調達する「クラウドファンディング」を使う方法もあります。

「こんなお店をつくりたい」

「新商品をつくる資金を集めたい」

「イベントを開催したい」

など、それぞれの思いを伝えて支援者を集めます。

クラウドファンディング専門のマッチングサイトでプロジェクトページを立ち上げたあと、すぐに資金が集まる例もありますが、ある程度の期間を要することが多いので、急を要しない副業には合っている資金調達方法かもしれません。

クラウドファンディングの利点は資金調達だけでなく、マッチングサイトにプロジェクトページを立ち上げることで、副業をする本人も事業の目的を再確認することができたり、プロジェクトのコンセプトや商品・サービスをネット上で宣伝できたりするといった利点もあります。

「支援者を得る」ということは、事業の潜在顧客を獲得することであり、起業のトレーニングになるとも言えます。まず、クラウドファンディングのマッチングサイトを見てみましょう。

【クラウドファンディングのマッチングサイト】
・Makuake（マクアケ）https://www.makuake.com/
・CAMPFIRE（キャンプファイヤー）https://camp-fire.jp/
・GREEN FUNDING（グリーンファンディング）https://greenfunding.jp/
・Readyfor（レディーフォー）https://readyfor.jp/

確定申告の基本知識

私の主催するセミナーで、「副業で収入を得る場合、どこかに申告しなければならないでしょうか？」と聞かれることがよくあります。

会社員の場合、所得税は企業が処理するのが基本だと思いますが、副業での所得が一定額以上になったら、確定申告が必要です。詳しくは以下に質問形式でお答えします。

■「確定申告」とは何ですか？

確定申告とは年に1回、「1年間で得た所得」を税務署に報告することです。自営業をしている人は年末が近づくと、ソワソワしはじめます。「また確定申告の時期が近づいてきたぞ。確定申告の準備をしなくっちゃ」と。

年間の所得が38万円以上になったら（本業が会社員や団体職員などの場合は、副業収入が年間20万円を超えたら）確定申告が必要になります。会社員の方が本業で得る収入に関しては、毎年、会社が申告するのが一般的でしょう。

■確定申告は、いつ行うのですか？

確定申告の時期は決まっていて、1月1日～12月31日の所得の合計金額を、翌年の確定申告期間（2月16日～3月15日）に申告します。

たとえば9月から副業を始めた場合、9月から12月までの4カ月間に得た所得について、その翌年の確定申告期間（2月16日～3月15日）に申告することになります。ただし、副業を始めた9月から12月までの4カ月間に得た所得が20万円までの場合は、確定申告はしなくても良いことになります。

■どうやって申告する？

確定申告に必要な各種書類は、税務署や確定申告会場、市区町村役所の担当窓口で入手できます。所轄税務署に問い合わせて郵送してもらうこともできますし、国税庁のＷＥＢサイト（https://www.nta.go.jp/）からダウンロードして印刷することもできます。

作成は手書きのほか、国税庁ＷＥＢサイトの「確定申告書等作成コーナー」にアクセスして、必要事項を入力すれば税額が自動計算され、簡単に確定申告書を作成できます。スマートフォンやタブレット端末からも入力、作成可能です。

■そもそも「所得」とは？

所得は「売上」や「収入額」と混同されがちなのですが、同じではありません。「売上」から「原価」や「経費」を差し引いた金額が、所得です。

所得＝「売上」－「原価」－「経費」

・原価……商品の仕入れ値や材料費
・経費……副業にかかった家賃、水道光熱費、手伝ってもらった人件費、宿泊費、交通費(電車代、タクシー代、航空運賃、自家用車ガソリン代など)、WEBサイト制作費、インターネット通信料、携帯電話代、切手代、宅配便代など

確定申告では、一年間の「売上」から「原価」「経費」を差し引いた「所得」を記載して税務署に提出します。そして本業の課税所得に、副業で得た所得を加えた課税所得によって、所得税額が決定されます。副業を始めて、「儲かってきたな」と思ったら、所得をしっかり計算してください。

「5G」ネット技術で、副業がもっとラクになる！

2020年春から、「5G」回線の商用化が始まりました。

5Gとは、「高速で大容量」「遅れにくい」「多くの端末を同時接続できる」といった特徴を持つ、次世代型の通信サービスです。5Gが普及することで通信速度が劇的に速くなり、仕事や家事の仕方が変わって、ラクになることも増えていきます。

具体的には、次のように副業をしやすい環境が広がっていきます。副業をするなら、この便利になっていくインターネットを活かしていきましょう。

1 遠隔地から、100人レベルでのネット会議に参加できる

100人レベルのネット会議に参加して、それぞれが違和感なく意見を言い合えるような環境があれば、「100人参加のセミナーに参加」しているのと同じ状況になります。

2020年の新型コロナ対策で在宅勤務を余儀なくされた際、オンライン会議システム

「ZOOM」や「Google Meet」「Microsoft Teams」などが多く使われました。オンライン会議だけでなく、イベント、企業研修、人事面接、学習塾やお教室のレッスン、カウンセリングなどに広く活用されています。

「ZOOM」や「Google Meet」のようなシステムを使えば、日本にとどまらず、世界の各地から、自宅でくつろぎながらパソコンの画面に向かってしっかり学ぶことも、仕事をすることもできます。ネットを通じて、教育ビジネスをする人も増えるでしょうし、ビジネスのやりとりも自宅で十分にできるような環境が年々整備されていくでしょう。

2 「スマホ」でできることが増え、「ファスト化」が加速する

ネットの通信速度が速くなったことで、これまで以上に「スマートフォンひとつ」でできることも増えていきます。「ネットでサクサク、人とやりとりをする」コミュニケーションのファスト化が進んでいきます。

報告・連絡・相談はネットで簡単にできる一方で、「相手に直接会うこと」の重要度は増していくでしょう。

3 自宅がオフィスでなく、「スタジオ」に

自宅の一室で撮った動画をYouTubeにアップするユーチューバーが増えていますが、そのスタイルが世間に認められて〝ふつう〟になると、それが増えていくのは必須です。

２０２０年に史上最年少の18歳でグラミー賞を受賞した、シンガーソングライターのビリー・アイリッシュさんは、12歳の頃からYouTubeで自作の歌を配信していたそうです。撮影場所は、自宅のベッドルーム。「音楽は地下にあるスタジオにこもって録音する」というプロの方法ではなく、「自宅で録画」というスピード感が増していきます。

５Gによって、リアルと画面との時間的なズレが大幅に減少し、同時中継でも違和感がなくなるので、アマチュアにもライブ中継がしやすくなっていくでしょう。

本業とうまく両立させるヒント

副業が成功するかどうかは、「本業と上手に両立していくこと」にかかっています。副業を認める企業は増えていますが、企業側には「本業をしっかりやること」「新しいアイデアや刺激を得て、本業に良い影響を与えること」という大前提があります。

ライオン株式会社は２０２０年1月、副業をこれまでの許可制から申告制に変更しました。「ライオン流 働きがい改革」にある副業に関するルールでは、副業ワーカーにとって重要な本質をズバリ明文化していますので、ここに列挙したいと思います。

■**ライオン　副業をするにあたってのルール**

1 ライバル企業や公序良俗に反する仕事は禁止する

2 「本業の残業時間」と「副業の労働時間」の合計は、月80時間以内

3 翌日の勤務まで、10時間のインターバルを設ける

4「週に1日」は休む

1は当然のことながら、競合他社の仕事はしないこと。2から4は、体調を崩すような無理な働き方はしない、というルールですね。最も大切なことだと思います。

副業が成功するかどうかは、「本業以外の時間をどれだけ確保できるか?」にあります。やはりどれだけ好きなことでも、労働時間が増えすぎると、健康面でも精神面でも支障をきたします。タイムマネジメントの実現についても、本業にかける時間を最低限に抑えることが基本にあります。

2と4について考えると、次のような働き方が導き出されます。

・本業がある日……残業+副業＝1日3時間以内
・本業が休みの日……副業6時間以内（月に3日以内）

体を壊さない程度に、副業で刺激が得られて収入も得られることが理想的だと感じます。

＊本業と副業を両立させるための3つのポイント

家庭と仕事の両立には、私も思いっきり悩み続けてきました。完璧な両立は決してできるものではない。そう思い知らされてきました。けれど、家庭も仕事も「50%ずつの両立」ならできることがわかってきたのです。家庭と仕事の両立は、本業と副業の両立にも似ていると思います。

何かと何かをうまく両立させるために必要なことは、3つあります。

ひとつは、人材の数です。どれだけ家庭や仕事で、作業を人間の数に分散できるかどうかにかかっています。作業を分担する人間の数は多い方が良いことは、生産工場の流れ作業を考えればわかります。

しかし、令和時代の副業の場合は、かかわる人間の数が多過ぎると、伝達と意思疎通が煩雑になり、時間がかかりすぎて非効率になるような気がします。

副業する仕事をつくるのであれば、関わる人間は自分ひとり、またはふたり、多くても3人くらいがよいのではないでしょうか。関わる中心人物が4人も5人もいれば、もう合議制の意思決定だけで、何日も経過してしまうかもしれないからです。

2つ目は、「機械化」です。どれだけ便利な機械を揃えて、それに頼れるか。いまどきの両立は、「便利な最新家電」なしには語れません。

3つ目は、「インターネットを最大限に活用する」こと。

私自身も「ひとり起業」を20年近く続けていますが、

「どうして続けてこられたのだろう？　家庭と仕事の両立を少なからずともできてきたのだろうか？」

と考えると、「インターネットが発達し続けているから」だと感じます。

副業も同じで、本業をしっかりやりながら副業ワーカーとしてやっていくには、「インターネットを最大限に活用する」ことが秘訣です。

右に挙げた3つの要素を揃えれば、副業と本業の両立は難しくありません。

これほど副業の普及が叫ばれて、企業でも副業ＯＫと言われるのは、「時代」の変化があってこそです。

２０１０年頃なら、まだインターネットサービスもスマートフォンの普及も過渡期で、

「（本業の勤め先がＯＫであれば）誰でも副業ができる時代」ではなかったでしょう。令和時代の副業は、機械とインターネットを最大限に活用するものであることは間違いありません。

副業を楽しく続けるには？

独立開業の場合も同じですが、最初の1～2年で本業と同じような収入を得ることは難しいものです。

ましてや、週に1～2日の副業で本業と同じような収入に達するには、かなりの熟練にならなければなりません。「1年目で成功させよう」なんて思っていると失敗します。

実際に、お客様が集められず、売上高が仕入れの量や経費に追いつかないパターンは多々あります。1年目にして赤字が補てんできずに廃業する人は、開業した人の5割以上に上ります。開業費用の高い飲食業においては、開業1年目の倒産が7割にも。

そこで、拙著『ど素人がはじめる起業の本』や『マイペースで働く！女子のひとり起業』でも、「開業後のために、半年から1年間の生活資金を用意しておきましょう」とおすすめしています。

副業は、長期的な目線で「だんだん収入額を上げていこう」という気持ちの方が、結果的には成功します。

副業ワーカーとして、本業との両立を成功させるためには、

- **1年目は、「副業をしている」という実績を大切にし、収入にはこだわらない**
- **2年目は、1年目の収入や経験値を振り返り、メリットや楽しさがあれば続ける**
- **3年目は、いよいよ収入にこだわり、収入額を上げていく**

くらいの感覚で進めてはいかがでしょうか。

＊成功のカギは「他人と違うこと」

副業は案外、本業よりも真剣に取り組むものかもしれません。なぜなら、あなたの未来を切り開くものだからです。「寝たまま、ラクに稼げる」副業を探している場合は、この本の副業のイメージと少し違うかもしれません。

副業こそ、あなたのアイデアを存分につぎ込むものになるはずです。

基本的に、「時間と共に、収入が増えていくビジネス（ストックビジネス）」を選び、副業の大切な「基本」に則《のっと》った上で、「他の人とは違うこと」をしていくことが、副業の成功につながります。

他人と違うこととは、次のようなことです。

- **取り組んでいる人が少ない分野を選ぶ（ニッチな分野）**
- **多くの人がやらないような方法を取り入れる（たとえば、週3日だけの営業、基本的にやりとりはメールやFacebookだけで電話に出ない、早朝に副業をする、など）**
- **副業で少し儲かっても、本業をやめないで、生活の安定を図る**
- **本業では効率的に仕事をこなし、周囲の声に惑わされず、定時に帰れる日を増やす**
- **周りの人がアドバイスしがちなことにとらわれず、自分の直感を信じて動く**

常に「他人とは違う道を行こう」という気持ちが、結果的に、自分しか持ちえない働き方の創造につながっていきます。この本を手に取ってくださったあなたが、本当に手にしたいのは、副業そのものではなく、「もっと自由で、自分らしい働き方」や「雇用先に左右されない、自分らしい生き方」ではないでしょうか。

副業をはじめる時点から「他人と違うことをしていこう」と強く決心することで、世間で流れている情報に惑わされないで、本業と副業の両立というマイウェイを歩んでいけるのではないか。そう思っています。

column 4

料理教室の先生

Nさんは、企業で管理職としてバリバリ働いています。働き過ぎて30代前半にカラダを壊したとき、自分で料理をつくることの大切さに気づきました。なにしろそれまで外食続きだったのです。

週末に料理教室に通いはじめると、日々の仕事とは違う作業をすることに深い癒しを感じました。女性のカラダに良い食材や栄養について調べ、オリジナルレシピを考えるようになりました。

自宅に友人を招いてそのレシピを振る舞うと、「美味しい」という嬉しいコメントが。40歳のとき、「それなら料理教室を開いてみよう」と、自宅キッチンで4名限定の料理教室を開くことを決めました。

料理教室といっても星の数ほどあるので、何か教室のテーマを決めた方が良さそうです。そこで「アンチエイジング」に特化した料理ブログを開設し、レッスン日もそこに掲載することにしました。

作った料理はキッチン横のダイニングテーブルで、ハーブティーと一緒にゆったり食します。何度も通ってくれるリピーターの生徒さんのために、毎週違うレシピを用意することに。

レッスン料についてはかなり迷いましたが、他の料理教室の価格をインターネットで調べ、材料費込みで1回5000～7000円くらいに設定。最初は土曜日だけの開催でしたが、生徒さんが増えてきたので、今では祝日にも開催しています。料理教室の収入は、月に10万円を超えることもあります。

著者紹介

滝岡幸子　中小企業診断士・経営コンサルタント、「ひとり起業塾」主宰、ポテンシャル経営研究所代表。外資系コンサルティング会社・プライスウォーターハウスコンサルタント（現IBM）にて企業の戦略立案、業務改善に従事。2002年に有限会社ポテンシャルを設立。大企業とは異なる、身の丈に合った経営戦略や働き方を研究し、世の中に提案している。起業家の生き方、中小企業が勝ち抜く戦略を考えることをライフワークとし、中小企業のコンサルティング、企業研修、講演・ワークショップ・セミナー、各種メディアでの執筆など多方面で活躍。
著書に『図解 ひとりではじめる起業・独立』（翔泳社）、『マイペースで働く！ 女子のひとり起業』（同文舘出版）などがある。

女子《じょし》の副業《ふくぎょう》

2020年 9月 1日　第 1 刷

著　　者　滝《たき》岡《おか》幸《さち》子《こ》
発 行 者　小澤源太郎

責任編集　株式会社 プライム涌光
電話　編集部　03(3203)2850

発 行 所　株式会社 青春出版社
東京都新宿区若松町12番 1 号 〒162-0056
振替番号　00190-7-98602
電話　営業部　03(3207)1916

印　刷　共同印刷　　製　本　フォーネット社

ISBN978-4-413-23168-8 C0036